Korean Language in Action

이해영, 이정덕, 황선영 공저

이해영
이화여자대학교 국어국문학과 박사
현 이화여자대학교 한국학과 교수
〈저서〉『Exciting Korean Listening』1,2 (공저), 『한국어 학습자의 중간언어 연구』(공저), 『다문화 사회, 한국』(공저)

이정덕
이화여자대학교 한국학과 박사 과정 수료
현 서울대학교 언어교육원 한국어 강사

황선영
이화여자대학교 한국학과 석사
현 이화여자대학교 언어교육원 한국어 강사

2010년 2월 10일 1판 1쇄 발행

지은이 | 이해영, 이정덕, 황선영 공저　**발행인** | 박영호
편집책임 | 박우진　**편집팀** | 김영주, 김정아, 최미라
관리팀 | 임선희, 김성언　**기획 영업팀** | 박민우　**삽화** | 전은혜

펴낸곳 | 도서출판 하우　**등록번호** | 제2008-13호
물류센터 | 서울시 중랑구 망우동 364-18 1층
전화 | 02-922-7090　**팩스** | 02-922-7092

이 책은 저작권법에 따라 보호받는 저작물이므로 무단전재와 무단복제를 금지하며,
이 책 내용의 전부 또는 일부를 이용하려면 반드시 저작권자와 도서출판 하우의 서면동의를 받아야 합니다.

청소년들을 위한 초급 한국어

Korean Language in Action

이해영, 이정덕, 황선영 공저

Hawoo Publishing

차례

교재 소개	6
등장 인물	7
교재 구성	8
단원 구성	10
한글	12
교실 용어	16
인사	17
1과 홈페이지에 가족 소개하기	18
2과 우리 학교 소개하기	28
3과 나의 꿈 말하기	38
4과 스포츠 신문 만들기	48
5과 한글 조사하기	58
복습해 봅시다 (1과~5과)	68
6과 동아리 홍보하기	76
7과 영화 포스터 만들기	86
8과 패션 잡지 만들기	96
9과 맛있는 떡국 만들기	106
10과 물건 팔기	116
복습해 봅시다 (6과~10과)	126
정답 및 듣기 지문	134

교재 소개

본 교재는 청소년들을 위한 초급 한국어 책입니다.

본 교재는 청소년들을 위한 한국어 책입니다. 주요 인물은 본 교재의 대상 학습자와 비슷한 또래의 중·고등학생 여덟 명으로 설정하였습니다. 교재의 내용은 학습 대상자를 고려하여 학교생활 중 일어날 수 있는 상황을 중심으로 구성하였습니다. 또한 대화 상대자는 친구나 선생님으로 설정하여 실제 상황에서 학습한 내용을 적용할 수 있게 하였습니다.

본 교재는 초급 학습자를 위한 교재입니다. 한국어능력시험 1급에 해당하는 문법과 어휘를 중심으로 내용을 구성하였습니다. 또한 다섯 개 단원에 한 단원씩 복습 단원을 넣어 한국어 실력 향상 정도를 측정할 수 있도록 하였으며, 한국어능력시험 1급을 준비할 수 있도록 하였습니다.

본 교재는 교육 현장의 요구를 반영한 교재입니다. 본 교재는 현장의 요구를 조사하여, 한 단원을 공부하는 데 걸리는 시간을 2시간 30분~3시간으로 하였으며, 교사용 지침서에 제시된 안내에 따라 30분을 가감할 수 있도록 유연하게 구성하였습니다. 또한 교재를 집필하면서 청소년 학습자 및 한국어 교사를 대상으로 요구 분석을 실시하여 내용을 선정하였습니다. 그리고 학습 현장에서의 예비 실험을 통해 내용을 수정하고 보완하는 과정을 거쳤습니다.

본 교재는 지루한 문법 연습을 지양하고 실제적이고 재미있는 과제 중심으로 구성된 교재입니다. 모든 단원에 말하기와 쓰기 활동을 포함시켰으며, 듣기와 읽기 활동은 격 단원으로 실었습니다. 읽기나 문법 위주의 기존 교재와는 달리 다양한 과제 및 활동을 제공함으로써 학습자들의 흥미를 유발하고, 한국어 생산 능력을 향상시키고자 하였습니다.

본 교재를 효과적으로 활용하기 위해 본 교재와 함께 출판되는 교사용 지침서를 참고할 수 있습니다. 교사용 지침서에는 교사를 위한 문법 설명과 교재 활용 방법을 제시하였습니다. 또한 교재에서 다루어진 문법 항목이나 다루게 될 문법 항목을 상호 참조 표시하여 단원 간의 긴밀성을 높였습니다. 그리고 기호를 사용해 보기 쉽게 편집하였습니다.

등장 인물

에릭(15세) 준(14세) 히로(13세) 첸(14세)

한국어 선생님 아인(14세) 제니(15세) 미나(14세) 리에(13세)

교재 구성

단원	주제	어휘	목표 문법
0	한글, 교실 용어, 인사		
1	홈페이지에 가족 소개하기	가족, 친척	-아/어요 ~은/는
2	우리 학교 소개하기	숫자, 시간	~에 -(으)ㄹ 거예요
3	나의 꿈 말하기	직업	~을/를 -고 싶다
4	스포츠 신문 만들기	운동	~에서 -ㅂ니다/-습니다
5	한글 조사하기	국가, 언어	-(으)ㄹ 수 있다, 못 -았/었-
복습	복습해 봅시다 (1과~5과)		
6	동아리 홍보하기	취미	-(으)려고 -아/어서
7	영화 포스터 만들기	감정, 영화	-고 있다 ~보다
8	패션 잡지 만들기	옷, 색깔	-아/어 보세요 -(으)ㄴ/는
9	맛있는 떡국 만들기	날짜, 명절	-(으)면 -아/어 봤다
10	물건 팔기	돈	~(으)로 -아/어 주다
복습	복습해 봅시다 (6과~10과)		

과제		
말하기	듣기/읽기	쓰기
반 친구들에 대해 조사하기	[듣기] 가족사진을 묘사하는 이야기 듣기	홈페이지에 가족을 소개하는 글 쓰기
학교생활 이야기하기	[읽기] 학교 소개하는 글 읽기	학교를 소개하는 글 쓰기
장래 희망 조사 결과 보고 이야기하기	[듣기] 나의 꿈 말하기 대회 발표 듣기	나의 꿈 말하기 대회 원고 쓰기
좋아하는 스포츠 조사하기	[읽기] 스포츠 신문 기사 읽기	스포츠 신문 기사 쓰기
표 보고 이야기하기	[듣기] 뉴스 듣기	한글에 대해 조사하고 발표문 쓰기
동아리 안내문 보고 이야기하기	[읽기] 동아리 모집 공고 읽기	동아리 모집 공고 쓰기
영화 포스터 보고 이야기하기	[듣기] 영화 광고 듣기	영화 포스터 만들기
옷차림에 대해 이야기하기	[읽기] 패션 잡지 기사 읽기	패션 잡지 기사 쓰기
명절에 하는 일 이야기하기	[듣기] 명절에 대한 소개 듣기	떡국 만드는 방법 쓰기
팔 물건에 대해 조사하기	[읽기] 물건을 소개하는 전단지 읽기	물건을 파는 전단지 만들기

단원 구성

본 교재의 단원은 '**도입, 어휘, 대화, 문법, 말하기, 듣기 혹은 읽기, 쓰기**'로 구성되어 있습니다.

▶ **도입** 그림과 도입 질문을 통해 단원의 주제와 관련된 이야기를 이끌어 내어 학생들이 단원 학습을 준비할 수 있도록 하였습니다.

▶ **어휘** 주제 관련 어휘 학습으로 어휘력을 향상시키고자 하였습니다.

▶ **대화** 단원의 주제와 어휘, 문법을 포함하면서도 실생활에서 듣고 말해 볼 수 있는 대화로 구성하였습니다. 대화 부분에서 중요하게 다루어져야 하거나 관련 있는 문법을 표현으로 추가 제공하여 대화 안에서 문법을 자연스럽게 받아들일 수 있도록 하였습니다.

▶ **문법** 문법 학습은 문법 연습에 그치지 않고 간단한 말하기 활동으로 연결시켜 학생들이 문법을 배우는 진정한 이유를 알 수 있게 하였습니다.

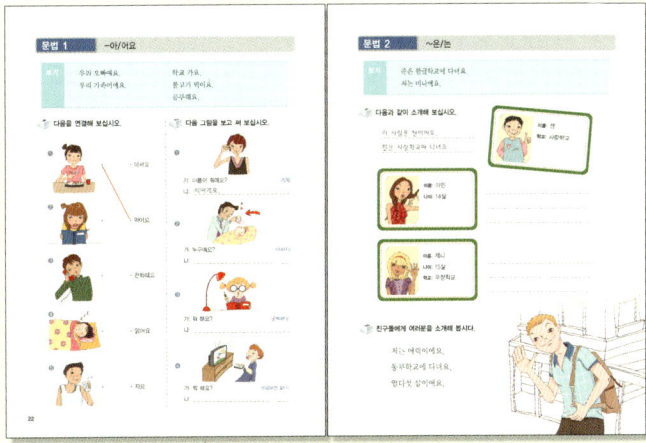

▶ **말하기** 다양한 짝 활동 또는 그룹 활동을 통해 한국어 말하기 실력을 향상시키고자 하였습니다.

▶ **듣기, 읽기** 듣기나 읽기 지문의 경우, 학습자의 흥미를 유발하고 실생활과 밀접히 연결될 수 있도록 실용적인 내용으로 구성하였습니다. 읽기나 듣기 문제는 전체 내용을 이해했는지 확인하는 문제와 세부 내용을 파악하는 문제로 구성하였습니다.

▶ **쓰기** 학습한 내용을 종합적으로 산출하게 구성된 쓰기 활동을 통해 한 단원의 내용을 정리하고 확인할 수 있게 하였습니다. 쓰기 활동 전에 학습한 말하기, 읽기 또는 듣기 활동을 통해 학생들이 무엇을 써야 할지를 알 수 있도록 하였습니다. 이 책에서 안내하는 활동을 따라가다 보면 자연스럽게 쓰기 활동을 할 수 있게 됩니다.

한글

한국어 모음에는
ㅏ ㅐ ㅑ ㅒ ㅓ ㅔ ㅕ ㅖ ㅗ ㅘ ㅙ ㅚ ㅛ ㅜ ㅝ
ㅞ ㅟ ㅠ ㅡ ㅢ ㅣ 가 있습니다.

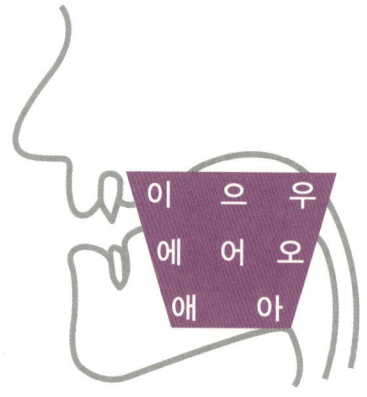

한국어 자음에는
ㄱ ㄲ ㄴ ㄷ ㄸ ㄹ ㅁ ㅂ ㅃ ㅅ ㅆ ㅇ ㅈ ㅉ ㅊ
ㅋ ㅌ ㅍ ㅎ 이 있습니다.

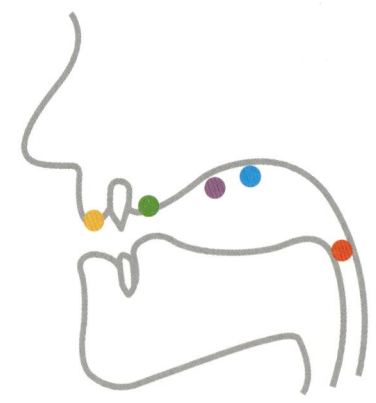

ㅁ	ㄴ			ㅇ	
ㅂ	ㄷ	ㅅ	ㅈ	ㄱ	
ㅍ	ㅌ		ㅊ	ㅋ	ㅎ
ㅃ	ㄸ	ㅆ	ㅉ	ㄲ	
	ㄹ				

▶ 한국어는 모음 혼자, 또는 자음과 모음이 만나서 소리가 납니다.

 V

모음만 있어도 소리를 낼 수 있습니다. 그러나 모음만 적지 않고 'ㅇ'을 자음과 함께 씁니다. 'ㅣ, ㅏ, ㅓ'를 자음과 함께 쓸 때는 자음을 왼쪽에 쓰고 모음을 오른쪽에 씁니다. 그리고 'ㅡ, ㅗ, ㅜ'를 자음과 함께 쓸 때 자음은 위에, 모음은 그 아래에 씁니다.

아	아 애 야 얘 어 에 여 예 이
오	오 요 우 유 으
와	와 왜 외 워 웨 위 의

※ 한글을 읽어 봅시다.

아이   아우   오이   우유   위   왜

CV

모음과 달리 한국어의 자음은 자음만 있을 때 소리를 낼 수 없습니다. 반드시 모음과 함께 있을 때 소리가 납니다.

가   구   과

※ 한글을 읽어 봅시다.

나무   다리   사과   아빠   코끼리   재채기

VC, CVC

받침은 'ㄱ, ㄴ, ㄷ, ㄹ, ㅁ, ㅂ, ㅇ'의 7개로만 소리가 납니다. 받침은 다음과 같이 씁니다.

안   운   완

강   궁   광

ㄱ: 악기 부엌 밖
ㄴ: 안
ㄷ: 팥 빗 빚 빛 히읗 갔다
ㄹ: 길
ㅁ: 몸
ㅂ: 밥 앞
ㅇ: 강

※ 한글을 읽어 봅시다.

한국　　　　몇　　　　선생님

형　　　　　일　　　　잡지

> **? 이렇게 읽어요!!**
> 받침 뒤에 모음이 오면 받침을 뒤에 오는 모음과 같이 읽습니다.
>
> 한국어　[한구거]
> 먹어요　[머거요]
> 읽어요　[일거요]

한글 **15**

교실 용어

보세요

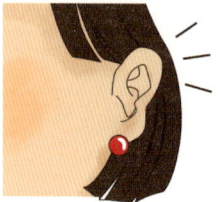
들으세요

말하세요

쓰세요

읽으세요

따라 하세요

쉬세요

인 사

1. 여러분의 가족은 모두 몇 명입니까?
2. 여러분은 한국말로 가족을 소개할 수 있습니까?

어휘

 가족의 이름을 써 보십시오.

- 할아버지
- 할머니
- 아버지
- 어머니
- 오빠
- 형
- 언니
- 누나
- 동생

나

다음 그림에서 가족과 친척의 이름을 찾아 보십시오.

할	어	리	형	정	할
아	머	아	언	아	이
파	니	니	버	동	생
누	삼	지	오	지	이
나	사	촌	이	빠	모

- ✓ 할아버지
- ☐ 할머니
- ☐ 아버지
- ☐ 어머니
- ☐ 형
- ☐ 오빠
- ☐ 누나
- ☐ 언니
- ☐ 이모
- ☐ 삼촌
- ☐ 동생
- ☐ 사촌

대 화

▶ 선생님과 미나가 가족사진을 보면서 이야기하고 있습니다.

선생님 가족사진이에요?
미나   네.
선생님 이 사람은 누구예요?
미나   우리 오빠예요.
선생님 가족은 모두 몇 명이에요?
미나   아버지, 어머니, 오빠, 나, 네 명이에요.

단어

가족   사진
사람   누구
우리   모두
몇

표현

❶ 이 / 그 / 저
　이 사람　그 사람　저 사람

❷ 명
　한 명(1명)　두 명(2명)　세 명(3명)
　네 명(4명)　다섯 명(5명) 여섯 명(6명)

1과 홈페이지에 가족 소개하기 21

문법 1 −아/어요

보기	우리 오빠예요.	학교 가요.
	우리 가족이에요.	불고기 먹어요.
		공부해요.

 다음을 연결해 보십시오.

① • • 마셔요

② • • 먹어요

③ • • 전화해요

④ • • 읽어요

⑤ • • 자요

 다음 그림을 보고 써 보십시오.

①

가: 이름이 뭐예요?　　　　　(리에)
나: 리에예요.

②

가: 누구예요?　　　　　(아버지)
나: _____

③

가: 뭐 해요?　　　　　(공부하다)
나: _____

④

가: 뭐 해요?　　　　　(텔레비전 보다)
나: _____

문법 2 ~은/는

보기
준은 한글학교에 다녀요.
저는 미나예요.

 다음과 같이 소개해 보십시오.

이 사람은 첸이에요.
첸은 사랑학교에 다녀요.

이름: 첸
학교: 사랑학교

이름: 아인
나이: 14살

이름: 제니
나이: 15살
학교: 우정학교

 친구들에게 여러분을 소개해 봅시다.

저는 에릭이에요.
동부학교에 다녀요.
열다섯 살이에요.

과제 1 말하기

▶ 우리 반 친구들에 대해 조사하고 소개해 봅시다.

🔹 우리 반 친구들에 대해 조사해 봅시다.

질문	친구 1	친구 2	친구 3
❶ 이름은 뭐예요?	리에		
❷ 어느 학교에 다녀요?	우정학교		
❸ 몇 살이에요?	열세 살		
❹ 가족은 몇 명이에요?	다섯 명 (할머니, 아버지, 어머니, 언니, 나)		

🔹 위에서 조사한 것을 바탕으로 친구에 대해 소개해 봅시다.

이 친구 이름은 리에예요.
우정학교에 다녀요.
리에는 열세 살이에요.
리에의 가족은 다섯 명이에요.
할머니, 아버지, 어머니가 계세요.
언니가 한 명 있어요.

과제 2 듣기

준이 가족에 대해 이야기하고 있습니다. 잘 듣고 대답해 보십시오.

1 준의 가족사진은 무엇입니까?

①
②
③
④

2 들은 내용과 <u>다른</u> 것은 무엇입니까?

① 준은 누나가 있어요.
② 준은 형이 한 명 있어요.
③ 준은 동생이 한 명 있어요.
④ 준의 가족은 모두 여섯 명이에요.

단어

그게   이분
그리고   제
아니요

과제 3 쓰기

▶ 여러분은 홈페이지나 블로그가 있습니까? 한국말로 홈페이지에 가족을 소개해 봅시다.

2

우리 학교 소개하기

1. 여러분은 몇 시에 학교에 갑니까?
2. 학교에서 무엇을 합니까?

어휘

1	2	3	4	5	6	7	8	9	10	11	…	20	30	40	50	60
일	이	삼	사	오	육	칠	팔	구	십	십일	…	이십	삼십	사십	오십	육십

🔑 알맞은 것에 표시하십시오.

(☑두 ☐이) 개

❶ (☐여덟 ☐팔) 명   ❷ (☐한 ☐일) 인분   ❸ (☐세 ☐삼) 시   ❹ (☐오 ☐다섯) 분

🔑 그림을 보고 시간을 말해 보십시오.

네 시 삼십 분

❶    ❷    ❸

대 화

▶ 미나와 준이 복도에서 수업에 대해 이야기하고 있습니다.

미나	오전에 수학 수업이 있어요?
준	네, 아홉 시에 있어요.
미나	나는 아홉 시에 과학 수업이 있어요. 그리고 수학 수업은 열 시예요.
준	수업 후에 뭐 할 거예요?
미나	도서관에 갈 거예요.

단어

오전   수학
수업   과학
후   도서관

표현

❶ ~이/가

저는 한국어 선생님이 좋아요.
오늘은 숙제가 많아요.

❷ 그리고

밥 먹어요. 그리고 축구해요.
텔레비전 봐요. 그리고 숙제해요.

문법 1 ~에

보기	1시에 점심 먹어요. 수업 후에 숙제해요.

다음의 일을 언제 합니까? 써 보십시오.

 ① (수업 후)

수업 후에 농구해요.

 ② (생일)

③ (크리스마스)

④ (여름)

농구해요   크리스마스 트리 만들어요   생일 파티해요   바다에 가요

다음은 미나의 하루 일과입니다. 그림을 보고 이야기해 봅시다.

미나의 하루

미나는 7시에 학교에 가요.

문법 2 –(으)ㄹ 거예요

> 보기 도서관에 갈 거예요.
> 비빔밥 먹을 거예요.

친구들이 수업 후에 무엇을 합니까? 써 보십시오.

①  수영할 거예요.

②

③

④

| 수영하다 | 피아노 치다 | 축구하다 | 친구 만나다 |

수업 후에 무엇을 할 겁니까? 친구들과 이야기해 봅시다.

이름	뭐 할 거예요?
에릭	야구장에 갈 거예요.

가: 에릭, 수업 후에 뭐 할 거예요?

나: 야구장에 갈 거예요.

과제 1 말하기

▶ 학교생활에 대해 이야기해 봅시다.

여러분은 학교에서 무엇을 할 겁니까?

방학에 무엇을 할 겁니까? 친구들과 이야기해 봅시다.

친구 이름	언제	무엇을 할 거예요?
미나	12월	크리스마스 파티

가: 미나, 방학에 뭐 할 거예요?

나: 12월에 크리스마스 파티할 거예요.

34

과제 2 읽기

▶ 다음은 준이 학교를 소개하는 글입니다. 읽고 대답해 보십시오.

'준' 블로그

우리 학교는 동부학교예요.
우리는 열 시에 학교에 가요.
열 시부터 열두 시까지 한국어 공부해요.
오후에는 한국 역사 수업이 있어요.
여름에는 사물놀이도 배울 거예요.

◆ 이 학교에서 요즘 공부하는 것은 무엇입니까?
1. 한국어
2. 사물놀이
3. 한국 노래
4. 한국 드라마

◆ 읽은 내용과 <u>다른</u> 것은 무엇입니까?
1. 오전에 한국어 공부해요.
2. 오후에 한국 드라마 봐요.
3. 한국어 수업은 열 시부터예요.
4. 여름에는 사물놀이 배울 거예요.

단어

~부터   ~까지
오후   역사
사물놀이 ~도

2과 우리 학교 소개하기 35

과제 3 쓰기

 여러분은 홈페이지나 블로그가 있습니까?
한국말로 여러분 학교를 소개해 봅시다.

2과 우리 학교 소개하기 37

3

나의 꿈 말하기

1. 친구들의 장래 희망은 무엇입니까?
2. 여러분의 장래 희망은 무엇입니까?

어휘

1. 다음의 장소에서 어떤 사람들이 일을 합니까? 써 보십시오.

① 의사, 간호사
②
③
④

| 의사 | 선생님 | 기자 | 요리사 | 간호사 | 아나운서 |

2. 가로와 세로 열쇠를 보고 주어진 단어 중 찾아 써 보십시오.

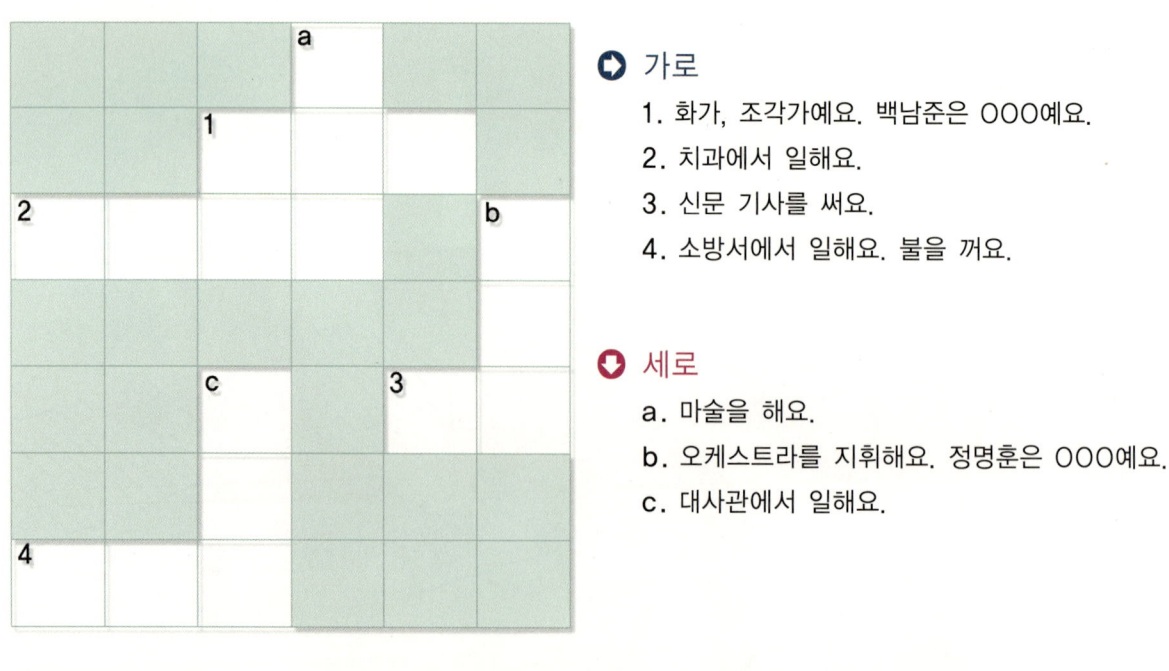

➡ 가로
1. 화가, 조각가예요. 백남준은 ○○○예요.
2. 치과에서 일해요.
3. 신문 기사를 써요.
4. 소방서에서 일해요. 불을 꺼요.

⬇ 세로
a. 마술을 해요.
b. 오케스트라를 지휘해요. 정명훈은 ○○○예요.
c. 대사관에서 일해요.

| 지휘자 | 외교관 | 마술사 | 미술가 | 소방관 | 치과의사 | 기자 |

대 화

▶ 선생님과 미나가 장래 희망에 대해 이야기하고 있습니다.

선생님　장래 희망이 뭐예요?
미나　　성악가요.
선생님　노래를 좋아해요?
미나　　네, 아주 좋아해요.
　　　　저는 성악가가 되고 싶어요.
선생님　그럼, 조수미처럼 유명한 성악가가 되세요.

단어

장래 희망　성악가
아주　　　그럼
유명한

표현

❶ ~이/가 되다
나는 외교관이 되고 싶어요.
나는 가수가 되고 싶어요.

❷ ~처럼
새처럼 날고 싶어요.
선생님처럼 한국말을 잘하고 싶어요.

문법 1   ~을/를

| 보기 | 나는 초콜릿을 좋아해요.
생일 카드를 보내요. |

🔹 다음 주어진 단어를 이용하여 문장을 만들어 보십시오.

① 히로 / 영화 / 보다 → 히로는 영화를 봐요.

② 제니 / 버스 / 타다 → _____

③ 첸 / 책 / 읽다 → _____

④ 동생 / 피자 / 먹다 → _____

🔹 학생들이 무엇을 하고 있습니까? 그림을 보고 이야기해 봅시다.

에릭은 빵을 먹어요.

문법 2 -고 싶다

보기	한국에 가고 싶어요. 나는 음악을 듣고 싶어요.

1. 생일에 무엇을 하고 싶습니까?

① 선물을 받다.
② 케이크를 먹다.
③ 잠옷 파티를 하다.
④ 좋아하는 가수 콘서트에 가다.

선물을 받고 싶어요.

2. '나의 꿈 말하기 대회'에서 1등 상금으로 십만 원을 받았습니다. 무엇을 하고 싶습니까? 친구들과 이야기해 봅시다.

이름	무엇을 하고 싶어요?
나	• 핸드폰을 사다. • 티셔츠를 사다.

가: 십만 원이 있어요. 뭐 하고 싶어요?
나: 핸드폰을 사고 싶어요. 그리고 티셔츠를 사고 싶어요.

3과 나의 꿈 말하기 43

과제 1 말하기

▶ 한국과 미국 청소년의 장래 희망 조사 결과입니다. 표를 보고 이야기해 봅시다.

국가 순위	한 국	미 국
1	교사	교사
2	의사	의사
3	연예인	법률가
4	공무원	운동선수
5	법률가	과학자
6	디자이너	건축가

표를 보고 한국과 미국의 비슷한 점과 다른 점을 이야기해 봅시다.

비슷한 점	다른 점
❶	❶
❷	❷
❸	❸

위의 직업 중에서 무엇을 하고 싶습니까? 왜 그렇습니까?

직업	이유

과제 2 듣기

▶ '나의 꿈 말하기 대회'에서 발표하고 있습니다. 잘 듣고 대답해 보십시오.

🔹 김세린의 장래 희망은 무엇입니까? _____

🔹 들은 내용과 <u>다른</u> 것은 무엇입니까?

① 제 꿈은 요리사예요.
② 사촌 언니는 요리사예요.
③ 나는 피자를 잘 만들어요.
④ 나는 10년 후에 한국 식당을 하고 싶어요.

단어	
요리	특히
만들다	세계
알리다	여러분

과제 3 쓰기

▶ '나의 꿈 말하기 대회'에서 발표하려고 합니다. 장래 희망에 대해 써 봅시다.

과학자가 되고 싶어요.

판사가 되고 싶어요.

가수가 되고 싶어요.

4

스포츠 신문 만들기

1. 여러분은 무슨 운동을 좋아합니까?
2. 좋아하는 운동선수가 있습니까?

어휘

1. 무슨 운동입니까? 써 보십시오.

① 축구   ②   ③   ④

⑤   ⑥   ⑦   ⑧

2. 어떤 운동이 계절별로 인기가 있습니까? 다음 표를 채워 봅시다.

| 축구 | 수영 | 탁구 | 스키 | 미식축구 | 아이스하키 |
| 농구 | 야구 | 테니스 | 배구 | 스케이트 | 배드민턴 |

봄	여름	가을	겨울

대 화

▶ 미나와 준이 좋아하는 운동에 대해 이야기하고 있습니다.

미나	무슨 운동을 좋아해요?
준	축구요.
미나	나는 농구를 좋아해요.
준	농구요? 나도 좋아해요. 농구를 자주 해요?
미나	네, 매일 학교에서 연습해요.
준	그래요? 그럼 나도 같이 해요.

단어

축구   농구
자주   매일
연습하다   그래요?

표현

❶ **무슨**
<u>무슨</u> 운동을 좋아해요?
<u>무슨</u> 음식을 자주 먹어요?

❷ **~도**
나는 키가 커요. 내 동생<u>도</u> 키가 커요.
나는 사과를 좋아해요. 딸기<u>도</u> 좋아해요.

문법 1 ~에서

보기	운동장에서 축구를 해요. 학교에서 한국어를 배워요.

 어디에서 무엇을 합니까? 써 보십시오.

 운동장에서 축구해요.

② _____

③ _____

④ _____

| 어디에서? | 스키장 | 운동장 | 미용실 | 영화관 |
| 무엇을 해요? | 축구해요 | 영화를 봐요 | 스키를 타요 | 머리를 잘라요 |

 어디입니까? 이곳에서 무엇을 할 수 있는지 이야기해 봅시다.

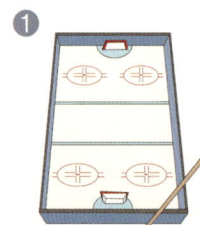 여기는 아이스하키장이에요.
아이스하키장에서 아이스하키 경기를 봐요.

② _____

③ _____

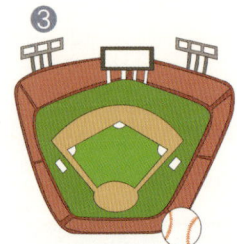

④ _____

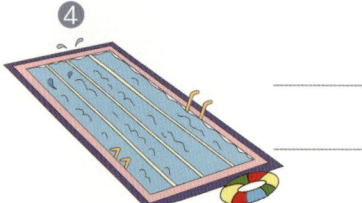

문법 2 －ㅂ니다 / －습니다

보기	제 이름은 미나입니다.	열한 시에 잡니다.
	오늘은 내 생일입니다.	수업 후에 점심을 먹습니다.

다음 그림을 보고 대화를 완성해 보십시오.

①
가: 이름이 무엇입니까?
나: 제니입니다. _____ (제니)

②
가: 무슨 음식을 좋아합니까?
나: _____ (비빔밥)

③
가: 매일 무엇을 합니까?
나: _____ (피아노를 치다)

기자가 되어 인터뷰해 봅시다.

가: 이름이 무엇입니까?
나: 제 이름은 첸입니다.

이름? 첸
무슨 음식을 좋아합니까? 불고기
장래 희망? 변호사

이름? 리에
무슨 음식을 좋아합니까? 라면
장래 희망? 디자이너

과제 1 말하기

▶ 친구들이 좋아하는 운동을 조사해 봅시다.

🔸 우리 반 친구들은 무슨 운동을 좋아합니까? 표를 채워 봅시다.

질문 \ 이름	준(남자)			
❶ 무슨 운동을 좋아합니까?	축구			
❷ 왜 그 운동을 좋아합니까?	재미있다			
❸ 일주일에 몇 번 합니까?	매일 아침			
❹ 어떤 선수를 좋아합니까?	박지성			

🔸 위에서 조사한 것을 바탕으로 남자와 여자가 좋아하는 운동이 다른지, 같은지 비교해 봅시다.

남자 — 좋아하는 운동 — **여자**

축구

과제 2 읽기

 스포츠 신문 기사입니다. 읽고 대답해 보십시오.

2012. 12. 21

액션 스포츠

한국 사람은 축구를, 미국 사람은 미식축구를

한국 사람은 무슨 운동을 가장 좋아할까요?
조사 결과, 한국에서는 축구가 가장 인기가 있습니다. 한국 사람들의 32%가 축구를 좋아합니다. 그리고 28.5%의 사람들이 야구를 좋아합니다. 20%의 사람들은 농구를 좋아합니다.
그러면 미국 사람들은 무슨 운동을 좋아할까요? 조사 결과, 미국에서는 30%의 사람들이 미식축구를 좋아합니다. 그 다음으로는 야구(18%), 아이스하키(15%), 농구(8%)를 좋아합니다.

위의 글을 읽고 다음 표를 그려 보십시오.

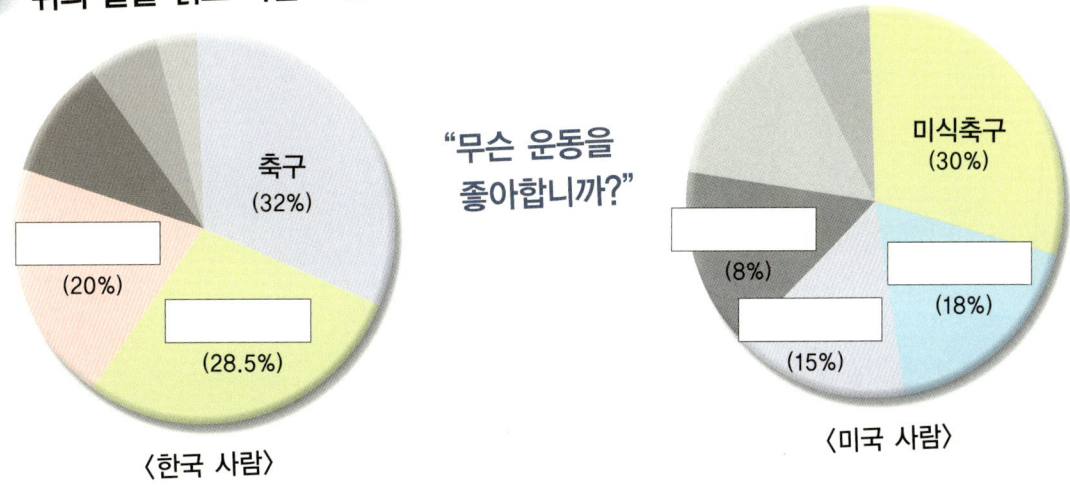

"무슨 운동을 좋아합니까?"

〈한국 사람〉   〈미국 사람〉

읽은 내용과 <u>다른</u> 것은 무엇입니까?

① 한국 사람들은 축구를 가장 좋아합니다.
② 한국 사람들은 야구, 농구도 좋아합니다.
③ 미국 사람들은 아이스하키를 가장 좋아합니다.
④ 야구, 농구는 한국과 미국에서 모두 인기가 있습니다.

단어

가장	조사
결과	인기
~의	그러면

과제 3 쓰기

▶ 스포츠 신문을 만들어 봅시다.

스포츠 신문 NO.1

5

한글 조사하기

아프리카

1. 여러분은 어느 나라 말을 할 수 있습니까?
2. 한국어를 얼마나 많이 사용할까요?

어 휘

1 아래의 나라들은 어디에 있습니까? 지도에서 찾아 보십시오.

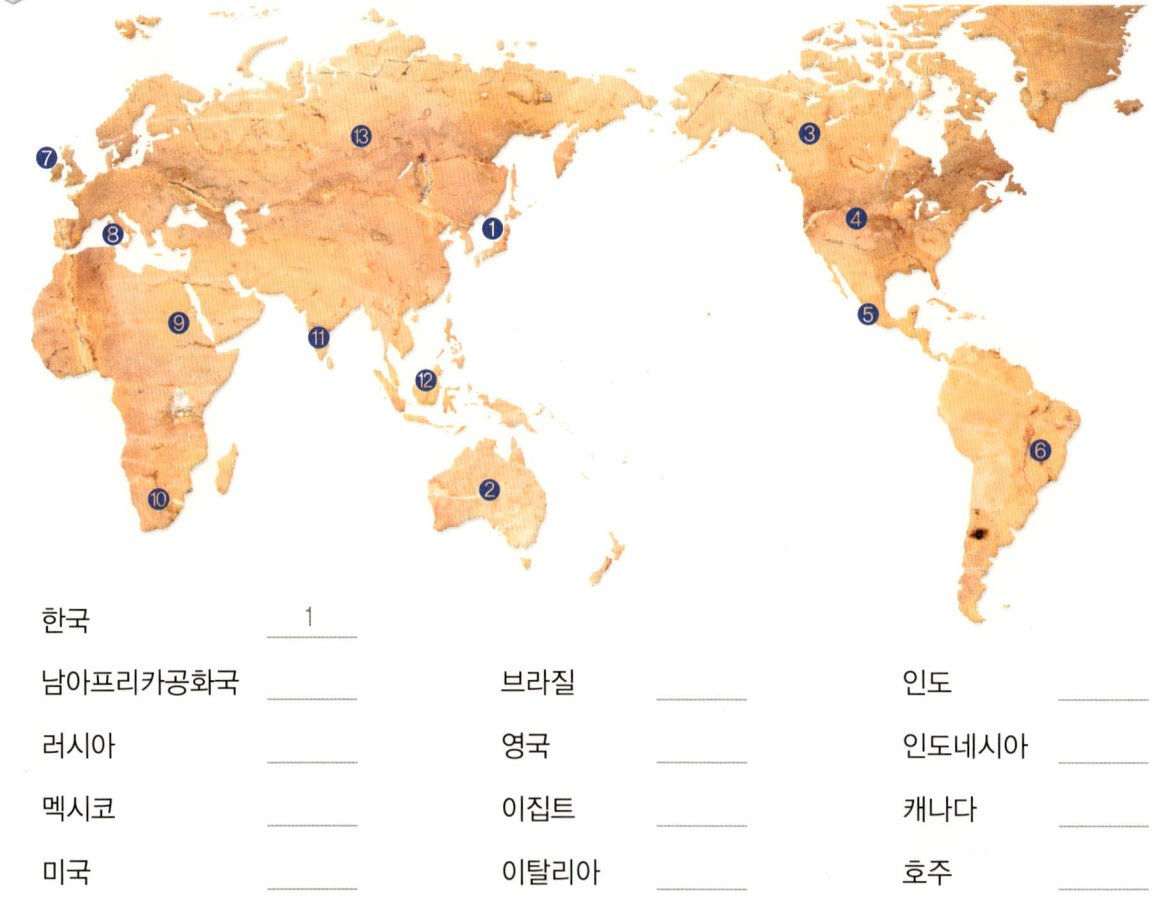

한국	1				
남아프리카공화국	___	브라질	___	인도	___
러시아	___	영국	___	인도네시아	___
멕시코	___	이집트	___	캐나다	___
미국	___	이탈리아	___	호주	___

2 빈 칸에 알맞은 단어를 써 보십시오.

나라	민족	언어
한국	한국 사람	한국어
일본	일본 사람	일본어
중국	❸	중국어
❶	프랑스 사람	프랑스어
독일	독일 사람	❺
❷	영국 사람	❻
미국	❹	❼

대 화

▶ 선생님과 준이 이야기하고 있습니다.

선생님 프랑스어를 할 수 있어요?
준   아니요, 프랑스어를 못 해요. 안 배웠어요.
선생님 그래요? 그럼 어느 나라 말을 할 수 있어요?
준   영어, 한국어, 스페인어를 할 수 있어요.
선생님 스페인어도 할 수 있어요?
준   네, 작년에 조금 배웠어요.

단어

배우다   나라
말   작년
조금

표현

❶ 안
점심을 안 먹었어요.
일요일에는 학교에 안 가요.

❷ 어느
어느 나라에서 왔어요?
어느 학교에 다녀요?

문법 1   -(으)ㄹ 수 있다, 못

보기	한국어를 할 수 있어요.	일본어를 못 해요.
	김치를 먹을 수 있어요?	김치를 못 먹어요.

1 무엇을 할 수 있습니까? 표를 보고 이야기해 보십시오.

할 수 있어요?	에릭	미나	제니
수영	×	×	○
피아노	×	○	○
스키/스노보드	○	○	×
한국어	○	○	×

가: 에릭은 수영을 할 수 있어요?
나: 아니요, 수영을 못 해요.

2 여러분은 무엇을 할 수 있습니까? 친구들과 이야기해 봅시다.

가: 뭐 할 수 있어요?
나: 나는 수영을 할 수 있어요. 그리고 스키도 탈 수 있어요.

문법 2 -았/었-

보기	우리 할아버지는 의사였어요. 작년 겨울방학에 한국에 갔어요.
	저는 작년에 3학년이었어요. 오늘 점심에 라면을 먹었어요.
	어제 친구들하고 농구를 했어요.

준의 일기입니다. 빈 칸을 채워 보십시오.

어제 시험이 __끝났어요__. 친구들하고 학교 앞 식당에서 떡볶이를 _____.
          (끝나다)   (먹다)

그리고 자전거를 _____. 친구에게 자전거를 _____.
                  (타다)   (배우다)

많이 넘어졌지만 _____. 재미있는 _____.
                (재미있다)   (하루이다)

지난 주말에 무엇을 했습니까? 친구들과 이야기해 봅시다.

이름	뭐 했어요?
아인	가족하고 미술관에 갔다.

가: 지난 주말에 뭐 했어요?
나: 가족하고 미술관에 갔어요.

과제 1 말하기

▶ 표를 보고 이야기해 봅시다.

(단위: 100만명)

순 위	언 어	사용 인구 (100만 명)
1	중국어(북방어)	885
2	영어	420
3	스페인어	332
4	벵골어	189
5	인도어	182
6	포르투갈어	181
7	러시아어	145
8	일본어	127
9	독일어	120
10	중국어(오어)	90
11	펀자브어	89
12	자바어	75
13	한국어	75
14	프랑스어	72

▪ 어떤 언어가 가장 많이 사용됩니까?
왜 그렇다고 생각합니까?

▪ 표를 보기 전에는 한국어가
몇 위라고 생각했습니까?

과제 2 듣기

▶ 뉴스를 잘 듣고 대답해 보십시오.

 무엇에 대한 뉴스입니까?

① 패션
② 파리
③ 휴대폰
④ 한글 디자인

 뉴스에서 이야기하지 <u>않은</u> 것은 무엇입니까?

① 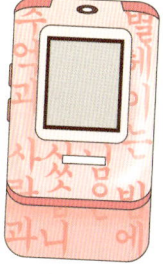 ②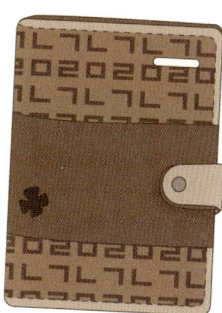

③  ④

단어

~(으)로   휴대폰
디자인하다 가방
모자

과제 3 쓰기

▶ 한글에 대해 인터넷으로 조사해 봅시다. 조사한 내용을 글로 써 봅시다.

1. 누가 한글을 만들었습니까?
   ① 광개토대왕 ② 세종대왕 ③ 이순신 장군 ④ 신사임당

2. 한글은 처음에 28자였습니다. 없어진 4자를 찾아 보십시오.
   ① ㅆ ② ㆁ ③ ㅿ ④ ㅎ ⑤ · ⑥ ㅊ ⑦ ㆆ

3. 다음 글자는 무엇을 보고 만들었습니까? 선택해서 써 보십시오.

   | 땅　　　입술　　　혀　　　사람 |

   ① ㅣ : 사람   ② ㅡ : _____   ③ ㄱ : _____   ④ ㅁ : _____

복습해 봅시다 (1과~5과)

어 휘

■ 빈칸에 숫자를 써 보십시오.

1	2	3	4	5	6	7	8	9	10
일									

11	12	13	14	15	16	17	18	19	20

30	40	50	60	70	80	90	100	1000	10000

■ 친구들과 같이 빙고 게임을 해 봅시다.

가로와 세로의 열쇠를 보고 단어를 써 보십시오.

🡪 **가로**

1. $\frac{1}{2}+\frac{1}{4}+\frac{3}{4}$ 를 공부해요.

2.  가족 ○○

3.

4.

5. 아버지의 어머니

6.

🡫 **세로**

a. 병원에서 일해요.

b. 여기에서 한국어를 공부해요.
   선생님이 있어요. 친구도 있어요.

c.

d. 여기에서 책을 읽어요. 공부를 해요.

e. 부모님은 '○○○와 어머니'예요.

f. 영국 사람이 말해요.

문법

1 다음에서 알맞은 조사를 골라 써 보십시오.

~은   ~는   ~이   ~에   ~을   ~를   ~도   ~에서   ~가

① 저_____ 미나예요.

② 크리스마스_____ 우리 사촌을 만날 거예요.

③ 도서관_____ 공부해요.

④ 나는 우정학교에 다녀요. 우리 형_____ 우정학교에 다녀요.

⑤ 어제 농구장_____ 갔어요.

⑥ 선생님_____ 되고 싶어요.

⑦ 나는 불고기_____ 좋아해요.

2 10년 전의 내 모습을 기억합니까? 지금의 나, 10년 후의 나의 모습은 어떻습니까? 친구들과 이야기해 봅시다.

10년 전	지금	10년 후
아기였어요. 우유를 좋아했어요. …	학생이에요. 수학을 잘 해요. …	대학교에 다닐 거예요. …

🎲 **친구와 함께 게임을 해 봅시다.**

| 출발 | |  | 피아노를 칠 수 있어요?
네 두 칸→
아니요 한 칸→ | 노래하세요!
(노래 후에 네 칸 가세요) | 태권도를 할 수 있어요?
네 세 칸→
아니요 한 칸→ | |

| 지금 몇 시예요?
한국말로 말해 보세요.
잘했어요 두 칸↓
잘 못했어요 한 칸↓ | | 1부터 10까지 한국말로 말해 보세요.
잘했어요 세 칸←
잘 못했어요 한 칸→ | | 어제 영화를 봤어요?
네 한 칸↑
아니요 한 칸← |

| | | 내일 친구를 만날 거예요?
네 다섯 칸 →
아니요 세 칸 ← | 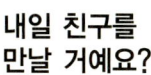 | 자전거를 탈 수 있어요?
네 다섯 칸 →
아니요 두 칸 → | |

| 사과를 좋아해요?
바나나를 좋아해요?
사과 한 칸↓
바나나 두 칸↓ | | | 동생이 있어요?
있어요 네 칸 ←
없어요 세 칸 ← | | |

| 스케이트를 탈 수 있어요?
네 네 칸 →
아니요 두 칸→ | | | | 홈페이지가 있어요?
네 두 칸 →
아니요 한 칸 → |  | 도착 |

실력 테스트

※ [1~3] 〈보기〉처럼 (   )에 알맞은 것을 고르십시오.

〈보기〉
가: 이게 (   ) 예요?
나: 가족사진이에요.

① 어느   ② 뭐   ③ 몇   ④ 누구

1. 가: (   ) 음식을 좋아해요?
   나: 비빔밥을 좋아해요.

   ① 몇   ② 무엇   ③ 언제   ④ 무슨

2. 가: 가족이 모두 몇 (   )이에요?
   나: 다섯 (   )이에요.

   ① 살   ② 명   ③ 개   ④ 잔

3. 가: 수영을 할 수 있어요?
   나: 아니요, (   ).

   ① 할 수 있어요.   ② 잘 해요.   ③ 못 해요.   ④ 안 했어요.

※ [4~5] 〈보기〉처럼 밑줄 친 부분이 틀린 것을 고르십시오.

〈보기〉
가: 뭐 해요?
나: ① 먹어요.   ② 가아요.   ③ 기다려요.   ④ 배워요.

4. ① 나는 한국학교<u>에서</u> 가요.
   ② 나는 의사<u>가</u> 되고 싶어요.
   ③ 주말<u>에</u> 영화를 볼 거예요.
   ④ 아버지<u>처럼</u> 한국말을 잘하고 싶어요.

5. ① 변호사가 될 겁습니다.
   ② 수업 후에 축구할 거예요.
   ③ 어제 도서관에서 숙제했어요.
   ④ 저는 매일 한국어를 공부합니다.

※ [6~8] 〈보기〉처럼 빈 칸에 알맞은 것을 고르십시오.

〈보기〉
가: 한글학교에 다녀요?
나: _____.
① 네, 한글학교에 다녀요.   ② 아니요, 한글학교에 다녀요.
③ 네, 한글학교에 있어요.   ④ 아니요, 한글학교에 없어요.

6. 가: 오늘 영화를 봐요?
   나: _____.

   ① 네, 영화를 못 봐요.   ② 아니요, 내일 볼 거예요.
   ③ 네, 영화를 안 봐요.   ④ 아니요, 영화를 볼 수 있어요.

7. 가: 수업 후에 뭐 할 거예요?
   나: _____.

   ① 네, 뭐 할 거예요.   ② 아니요, 친구를 만났어요.
   ③ 도서관에 갈 거예요.   ④ 수업 후에 영화를 봤어요.

8. 가: _____?
   나: 세 시 반이에요.

   ① 몇 시예요?   ② 이게 뭐예요?
   ③ 어느 시계예요?   ④ 무슨 시간이에요?

복습해 봅시다 (1과~5과) **73**

※ [9~11] 무엇에 대한 이야기입니까? 〈보기〉처럼 빈 칸에 알맞은 것을 고르십시오.

〈보기〉
나는 사과를 좋아합니다. 딸기도 좋아합니다.
① 과일　　　② 시간　　　③ 친구　　　④ 학

9. 우리 집에는 아버지, 어머니가 계세요. 그리고 동생이 한 명 있어요.
① 집　　　② 직업　　　③ 가족　　　④ 친구

10. 저는 축구를 좋아해요. 우리 형도 축구를 좋아해요. 같이 축구를 해요.
① 꿈　　　② 운동　　　③ 학교　　　④ 한글

11. 학교에서 9시부터 11시까지 수학을 배워요. 그리고 오후에는 역사를 공부해요.
① 주말　　　② 날짜　　　③ 수업　　　④ 장래 희망

※ 다음의 내용과 같은 것을 고르십시오.

12. 내일은 제 생일이에요. 수업 후에 친구들을 만날 거예요. 우리는 콘서트에 갈 거예요. 그 후에 친구들이 우리 집에 올 거예요. 집에서 친구들하고 잠옷 파티를 할 거예요. 케이크와 피자도 먹을 거예요.

① 오늘은 제 생일이에요.
② 집에서 파티를 할 거예요.
③ 친구들에게 선물을 줄 거예요.
④ 친구들과 케이크를 만들 거예요.

※ [13~16] 다음을 듣고 〈보기〉와 같이 물음에 맞는 대답을 고르십시오.

〈보기〉
① 숙제해요　　　　　　　　② 집에서 해요
③ 월요일에 해요　　　　　　④ 네, 공부해요

13. ① 김치를 먹었어요.　　　　② 불고기를 좋아해요.
　　③ 피자를 잘 만들어요.　　　④ 식당에 가고 싶어요.

14. ① 가수가 되었어요.　　　　② 노래를 좋아해요.
　　③ 가수가 되고 싶어요.　　　④ 유명한 가수가 되세요.

15. ① 친구하고 전화해요.　　　② 축구장에 갈 거예요.
　　③ 피아노를 치고 싶어요.　　④ 극장에서 영화를 봤어요.

16. ① 네, 조금 할 수 있어요.　　② 네, 한국어를 못 해요.
　　③ 아니요, 조금 배웠어요.　　④ 아니요, 프랑스어도 할 수 없어요.

복습해 봅시다 (1과~5과) **75**

6

동아리 홍보하기

1. 학생들이 무엇을 보고 있습니까?
2. 여러분의 취미는 무엇입니까?

어휘

1. 그림에 맞게 연결해 보십시오.

사진 찍기   여행 가기   책 읽기   그림 그리기   음악 듣기   영화 보기

2. 다음은 남학생 100명과 여학생 100명에게 취미를 물어 본 후 만든 표입니다. '기타'에는 무엇이 있었을지 생각해서 써 보십시오.

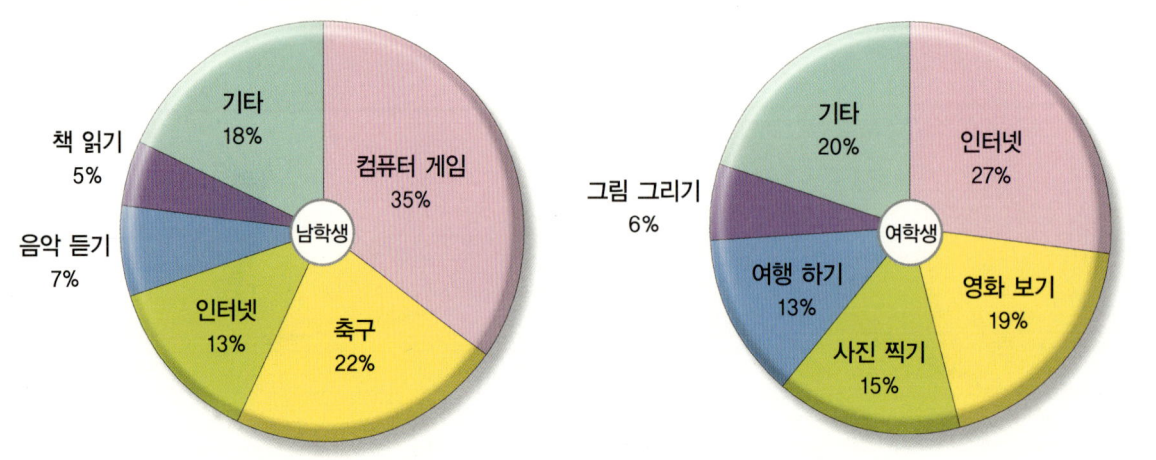

- 남학생 : 야구,
- 여학생 : 피아노 치기,

대 화

▶ 준과 미나가 학교 동아리에 대해 이야기하고 있습니다.

준	매점 앞 게시판 봤어요?
미나	아니요, 왜요?
준	동아리 모집 공고가 있어요.
미나	그래요? 스키 동아리나 그림 동아리도 있어요?
준	자세히 보려고 가까이 갔어요.
	하지만 사람이 너무 많아서 못 봤어요.

단어

매점 앞
게시판 모집 공고
자세히 가까이
너무

표현

❶ 하지만
  스키는 못타요. 하지만 스노보드는 잘 타요.
  추워요. 하지만 아이스크림을 먹고 싶어요.

❷ ~(이)나
  콜라나 주스 있어요?
  이번 주말에 산이나 바다에 갈 거예요.

문법 1 —(으)려고

보기	숙제하려고 책을 빌렸어요.
	점심 시간에 먹으려고 빵을 가져 왔어요.

친구 생일 파티를 준비하고 있습니다. 표를 보고 이야기해 보십시오.

이름	목적	준비
첸	방을 꾸미다	풍선을 샀다
제니	선물을 주다	포장을 하고 있다
아인	사진을 찍다	카메라를 가져 왔다

첸은 방을 꾸미려고 풍선을 샀어요.

여러분의 올해 목표는 무엇입니까? 목표를 이루려고 무엇을 합니까? 친구들과 이야기해 봅시다.

이름	목적	준비
미나	한국어를 공부하다	한국학교에 다니고 있다

미나는 한국어를 공부하려고 한국학교에 다니고 있어요.

문법 2 　 −아/어서

보기	크리스마스라서 학교에 안 가요.	숙제가 많아서 시간이 없어요.
	친구 생일이라서 선물을 샀어요.	영화가 재미있어서 두 번 봤어요.
		열심히 공부해서 시험을 잘 봤어요.

표를 보고 한 문장으로 만들어 보십시오.

이유	결과
날씨가 좋다.	공원에 갔다.
친구들이 많다.	한글학교가 재미있다.
어제 늦게 잤다.	피곤하다.
너무 덥다.	아이스크림을 많이 먹었다.

날씨가 좋아서 공원에 갔어요.

빈 칸을 채워 문장을 완성해 봅시다.

❶ 비가 와서 야구를 못 했어요   .

❷ 내일이 시험이라서   .

❸ _____ 칭찬을 받았어요.

❹ _____ 기분이 좋았어요.

과제 1 말하기

▶ 동아리 안내문입니다. 표를 보고 이야기해 봅시다.

동아리	모임 시간
축구	매주 일요일 오전 9시
댄스	매주 금요일 오후 7시
오케스트라	매주 목요일 오후 6시
연극 공연	매주 화요일 오후 3시
영화 만들기	매주 월요일 오후 5시
사진 찍기	매주 토요일 오전 11시

1. 여러분의 취미는 무엇입니까? 위 동아리 중에서 무엇을 하고 싶습니까?

2. 여러분은 동아리 활동을 해 본 적이 있습니까? 여러분이 활동한 동아리를 친구들에게 소개해 봅시다.

동아리	
동아리 이름	
활동	
모임 장소, 시간	
좋은 점	

과제 2 읽기

▶ 동아리에서 신입 회원을 모집하고 있습니다. 읽고 대답해 보십시오.

액션으로 오세요~

- 액션은 힙합 댄스 동아리입니다.
  연습 시간: 수요일 오후 5시~7시
  공   연: 1년에 네 번
- 오디션이 있습니다.
  시   간: 9월 4일 오후 5시
  장   소: 액션 동아리 방

함께 해요!

'다솜'에서 신입 회원을 모집합니다.
'다솜'은 자원 봉사 동아리입니다. 우리는 일요일에 학교 앞 고아원에서 아이들한테 컴퓨터를 가르칩니다. '다솜'에서는 좋은 친구들을 만날 수 있습니다.

전화: 010-1234-5678 (회장: 김연수)

010-1234-5678 010-1234-5678 010-1234-5678 010-1234-5678 010-1234-5678 010-1234-5678 010-1234-5678

■ 표를 채워 봅시다.

동아리	액션	다솜
무엇을 합니까?		

■ 지금 학교에서 어떤 동아리 활동을 하고 있습니까?
어떤 동아리 활동을 하고 싶습니까? 이야기해 봅시다.

단어
신입 회원   연습
공연   오디션
자원 봉사   고아원
~한테   회장

과제 3 쓰기

▶ 여러분 동아리에서 신입 회원을 모집하려고 합니다. 학교 게시판에 동아리를 소개하는 글을 써 봅시다.

1. 두 사람은 무엇을 하고 있습니까?
2. 여러분은 어떤 영화를 좋아합니까?

어휘

1. 영화를 보고 나온 사람들입니다. 지금 어떤 기분인지 써 보십시오.

①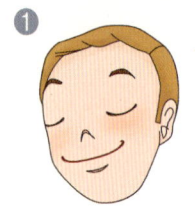
감동적이다

②

③

④

⑤

| 슬프다 | 감동적이다 | 재미있다 | 지루하다 | 무섭다 |

2. 다음 영화는 어떤 장르일까요? 포스터를 보고 장르를 추측해서 써 보십시오.

| 공포 영화 | 코미디 영화 | 액션 영화 | 전쟁 영화 | 로맨스 영화 | 다큐멘터리 영화 |

①
코미디 영화

②

③

④

⑤

⑥

대화

▶ 준과 미나가 영화관에서 영화를 고르고 있습니다.

미나   요즘 어떤 영화를 하고 있어요?
준   '집에서' 봤어요?
미나   '집에서' 요? 어떤 영화예요?
준   할머니와 손자 이야기예요. 감동적인 영화예요.
미나   저는 감동적인 영화보다 액션 영화가 좋아요.
준   여기 액션 영화가 있어요. 하지만 토요일에 시작해요.
미나   그럼 오늘은 '집에서'를 봐요. 그리고 다음에 또 와요.

단어

요즘   손자
감동적인   여기
시작하다   또

표현

❶ 어떤
어떤 음식을 먹고 싶어요?
어떤 텔레비전 프로그램을 좋아해요?

❷ 요일
월요일   화요일   수요일   목요일
금요일   토요일   일요일

문법 1 -고 있다

보기	축구를 하고 있어요.
	한국에서 살고 계세요.

1. 다음 그림을 보고 써 보십시오.

❶

동생이 밥을 ___먹고 있어요.___
(먹다)

❷

아버지가 신문을 _____
(읽다)

❸

언니가 편지를 _____
(쓰다)

❹

할아버지와 할머니가 _____
(운동하다)

2. 사람들이 무엇을 하고 있습니까? 친구들과 같이 이야기해 봅시다.

 히로

 리에

 미나

 에릭 아인

 제니

 준

공부하다	이야기하다
햄버거를 먹다	전화하다
노래하다	자다

가: 히로가 무엇을 하고 있어요?

나: 히로는 공부하고 있어요.

문법 2   ~보다

보기	제주도는 서울보다 따뜻해요.
	우리 형은 나보다 한국말을 잘해요.

1. 그림을 보고, 질문에 대답해 보십시오.

  (사전)    (한국어 책)   어느 것이 두꺼워요?

  30,000원 (티셔츠)    60,000원 (운동화)   어느 것이 비싸요?

 (김밥)    (떡볶이)   어느 것이 매워요?

  (빨간색 색연필)    (파란색 색연필)   어느 것이 많아요?

사전이 한국어 책보다 두꺼워요.

2. 한국과 여러분이 사는 나라를 비교해 봅시다.

나라	한국	
크기		
날씨		
사람		

크다   작다   춥다   덥다   많다   적다

한국은 미국보다 작아요.

과제 1 말하기

▶ 시간표와 포스터를 보고 영화를 선택해 봅시다.

영화 포스터		
상영 시간	금요일 07:00, 11:00, 17:00, 22:00 토요일 10:00, 12:00, 14:00, 7:00	금요일 09:00, 13:00, 16:00, 20:00 토요일 08:30, 12:30, 15:30, 18:30

포스터를 보고 어떤 영화인지 영화 제목과 줄거리를 추측해 봅시다.

	포스터 1	포스터 2
제목		
줄거리		

두 영화 중에서 어떤 영화를 보고 싶습니까? 왜 그 영화를 보고 싶습니까?

과제 2 듣기

▶ 다음은 영화 광고입니다. 잘 듣고 대답해 보십시오.

◆ 이 영화의 포스터는 무엇입니까?

◆ 이 영화의 주인공은 누구입니까?

① 할아버지, 할머니　② 할머니, 손자　③ 부모님, 아이들　④ 할아버지, 소

단어

소	살다
농부	세상
정말	부모님

7과 영화 포스터 만들기 93

과제 3 쓰기

▶ 영화 포스터를 만들어 봅시다.

제목		장르	
배우		상영 시간	
줄거리			

8

패션 잡지 만들기

1. 두 사람은 무엇을 하고 있습니까?
2. 여러분은 어떤 옷이 좋습니까?

어휘

1. 빈칸에 알맞은 단어를 찾아 써 보십시오.

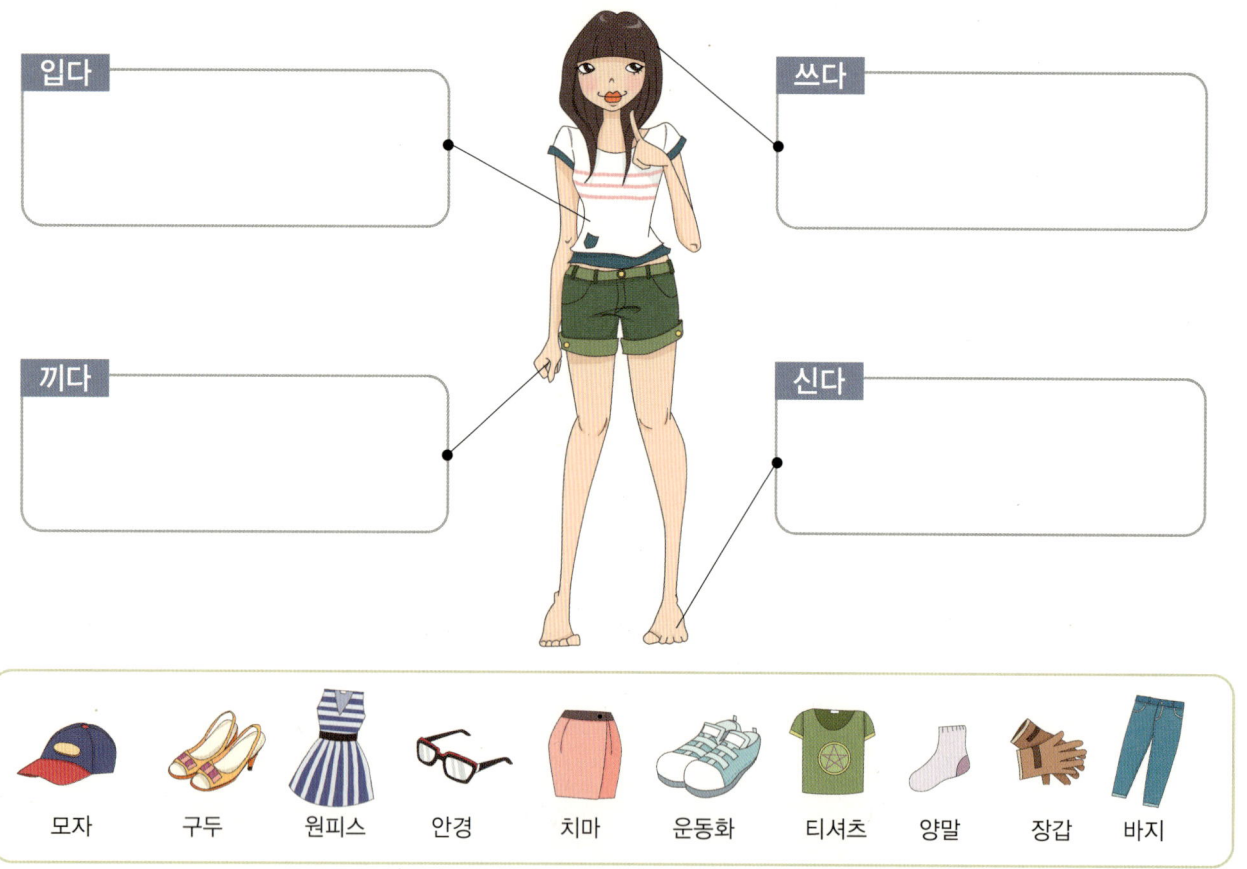

2. 무슨 색 옷을 입었습니까? 그림을 보고 이야기해 봅시다.

제니는 보라색 원피스를 입었어요.

- 빨간색
- 노란색
- 파란색
- 보라색
- 초록색
- 흰색
- 까만색

대 화

 옷 가게 주인과 미나가 가게에서 이야기하고 있습니다.

주인	뭐 찾으세요?
미나	치마 있어요? 요즘 어떤 치마가 유행이에요?
주인	이 노란색 치마를 입어 보세요. 요즘 노란색이 유행이에요.
미나	밝은 색 치마는 많아요. 그래서 진한 색을 사고 싶어요.
주인	그럼 이 파란색 치마는 어때요?
미나	좋아요.
주인	한번 입어 보세요.

단어

찾다　　유행
밝은 색　진한 색
어때요?　한번

표현

❶ ~은/는
사촌 형은 한국에 있어요. 나는 미국에 있어요.
축구는 잘 할 수 있어요. 하지만 야구는 잘 못해요.

❷ 그래서
배가 아파요. 그래서 병원에 갈 거예요.
시험이 있어요. 그래서 열심히 공부해요.

문법 1   –아/어 보세요

| 보기 | 경복궁에 가 보세요.
이 책을 읽어 보세요.
홈페이지에 가족을 소개해 보세요. |

1 친구가 아래와 같은 문제로 고민하고 있습니다. 어떻게 하면 좋겠습니까? 조언해 보십시오.

문제가 있어요	어떻게 해요?
❶ 숙제를 몰라요.	친구에게 전화하다
❷ 축구를 잘하고 싶어요.	연습을 많이 하다
❸ 밤에 잠이 안 와요.	조용한 음악을 듣다

친구에게 전화해 보세요.

2 두 사람이 옷을 어떻게 입으면 좋을지 조언해 봅시다.

안경을 쓰다
안경을 벗다
머리를 풀다
청바지를 입다
운동화를 신다
액세서리를 하다
야구 모자를 쓰다

문법 2 -(으)ㄴ/는

보기	예쁜 꽃	재미있는 한국어
	작은 방	맛없는 과자

다음은 준의 이야기입니다. 밑줄 친 부분에 알맞은 말을 넣어 보십시오.

오늘은 제 동생 생일이에요. 그래서 어제 ___큰___ 백화점에 갔어요. 백화점에
(크다)

_____ 사람들이 있었어요. 저는 _____ 케이크와 _____ 꽃을 샀어요.
(많다)   (맛있다)   (예쁘다)

그리고 더워서 슈퍼에 갔어요. 슈퍼에서 _____ 콜라를 샀어요. _____
                                    (시원하다)   (바쁘다)
하루였어요.

누구입니까? 이야기해 봅시다.

키가 크다
키가 작다
코가 높다
머리가 길다
머리가 짧다
입이 크다

가: 누가 에릭이에요?
나: 키가 큰 남자가 에릭이에요.

과제 1 말하기

▶ 패션 잡지를 보고 이야기해 봅시다.

1. 위에 있는 옷 중에서 어떤 옷이 가장 마음에 듭니까? 왜 그렇습니까?

가장 마음에 드는 옷	이유

2. 어떤 옷을 입고 가면 좋겠습니까? 친구와 이야기해 봅시다.

상황	옷
❶ 사촌 결혼식	
❷ 축구장	
❸ 음악회	
❹ 친구 생일 파티	

과제 2 읽기

▶ 패션 잡지 기사입니다. 읽고 대답해 보십시오.

올봄에는 노란색을 입어 보세요.

올봄은 노란색이 유행이에요. 여자 옷도 노란색이 많고, 남자 옷도 노란색이 많아요. 노란색 재킷이나 티셔츠를 입어 보세요. 그리고 까만색이나 흰색 옷을 같이 입어 보세요. 아니면 까만색이나 흰색 옷을 입고, 노란색 스카프나 벨트를 해 보세요. 노란색 넥타이나 모자도 좋아요. 그러면 올봄에 멋쟁이가 될 수 있어요.

1. 읽은 내용과 같은 것은 무엇입니까?
   ① 멋쟁이가 많아요.
   ② 흰색 스카프를 해 보세요.
   ③ 올봄에 노란색이 유행해요.
   ④ 남자 옷은 노란색이 없어요.

단어

올봄	재킷
아니면	스카프
벨트	넥타이
멋쟁이	

2. 위 글을 읽고 옷을 입었습니다. 잘못 입은 사람은 누구입니까?

①  ② 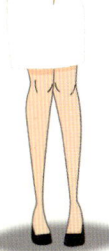 ③  ④

과제 3 쓰기

▶ 패션 잡지 기자가 되어 유행할 옷에 대한 잡지 기사를 써 봅시다.

8과 패션 잡지 만들기 105

9

맛있는 떡국 만들기

맛있는 떡국 만들기

재료: 고기나 조개, 떡, 간장, 후추, 파, 마

방법:
1. 재료를 준비해요.
2. 국물을 만들어요.
3. 국물이 끓으면 떡을 넣어요.
4. 파하고 마늘을 넣어요.
5. 간장하고 후추를 넣어요.

1. 한국 음식을 만들어 본 적이 있습니까?
2. 여러분의 나라에서는 명절에 어떤 음식을 먹습니까?

어휘

1월	2월	3월	4월	5월	6월	7월	8월	9월	10월	11월	12월
일월	이월	삼월	사월	오월	유월	칠월	팔월	구월	시월	십일월	십이월

1일	2일	3일	4일	5일	6일	7일	8일	9일	10일	…	30일
일일	이일	삼일	사일	오일	유일	칠일	팔일	구일	십일	…	삼십일

다음 명절은 언제입니까?

명절	날짜
❶ 설날	1월 1일 (일월 일일)
❷ 추석	
❸ 할로윈	
❹ 크리스마스	

친구들의 생일을 조사하고 이야기해 봅시다.

친구 이름	생일
히로	3월 22일

가: 생일이 언제예요?

나: 삼월 이십이일이에요.

대 화

▶ 미나와 준이 설날에 하는 일에 대해 이야기하고 있습니다.

준　　주말에 뭐 했어요?
미나　설날이라서 가족들하고 같이 떡국을 먹었어요.
준　　떡국요?
미나　한국에서는 설날이 되면 떡국을 먹어요. 떡국 먹어 봤어요?
준　　아니요, 아직 못 먹어 봤어요.
미나　떡국을 먹으면 한 살을 더 먹어요.
　　　저는 두 그릇 먹었어요. 그래서 이제 열여섯 살이에요.

단어

가족들	떡국
아직	더
그릇	이제

표현

❶ ~하고
　친구하고 영화를 봤어요.
　점심에 밥하고 불고기를 먹었어요.

❷ 살
　한 살　두 살　세 살　네 살　다섯 살
　… 열 살 … 스무 살

문법 1 -(으)면

보기
열여섯 살이 되면 운전할 수 있어요?
매운 음식을 많이 먹으면 배가 아파요.

1. 다음 질문에 대답해 보십시오.

①
가: 수업이 끝나면 뭐 할 거예요?
나: 수업이 끝나면 친구를 만날 거예요   .

②
가: 용돈을 받으면 뭐 할 거예요?
나: _____.

③
가: 내일 날씨가 좋으면 뭐 하고 싶어요?
나: _____.

2. 몇 살부터 할 수 있습니까? 친구와 같이 이야기해 봅시다.

운전하다

결혼하다

투표하다

돈을 벌다

영화를 보다

가: 언제부터 운전할 수 있어요?
나: 열여덟 살이 되면 운전할 수 있어요.

문법 2 －아/어 봤다

| 보기 | 한국에 가 봤어요.
떡국을 먹어 봤어요.
번지점프를 해 봤어요. |

다음 질문에 대답해 보십시오.

① 가: 번지점프를 해 봤어요?
　　나: 아니요, 아직 못 해 봤어요.

② 가: 한국에 가 봤어요?
　　나: _____.

③ 가: 한국 음식을 먹어 봤어요?
　　나: _____.

여러분은 무엇을 해 봤습니까? 해 본 일에 표시하고 친구들과 이야기해 봅시다.

	번지점프를 하다	한복을 입다	운전을 하다	한국에 가다	유명한 사람을 만나다
첸	O	X	X	O	O

가: 첸, 번지점프를 해 봤어요?
나: 네, 해 봤어요.

과제 1 말하기

▶ 명절에 대해 이야기해 봅시다.

1. 다음 그림을 보고 언제 하는 일인지 이야기해 봅시다.

2. 다음 명절에 무엇을 합니까? 친구들과 함께 조사하고 이야기해 봅시다.

제목	언제예요?	무엇을 해요?
설날	1월 1일	떡국을 먹어요. 그리고 세배를 해요.
추석		
대보름		
크리스마스		
내 생일		

가: 미나, 설날에는 뭐 해요?

나: 떡국을 먹어요. 그리고 세배를 해요.

과제 2 듣기

▶ 명절을 소개하는 발표입니다. 잘 듣고 대답해 보십시오.

이 명절은 언제입니까?

① 1월 1일 ② 8월 15일
③ 11월 28일 ④ 12월 25일

들은 내용과 <u>다른</u> 것은 무엇입니까?

① 설날에는 떡국을 먹습니다.
② 세배를 하면 떡국을 먹을 수 있습니다.
③ 할아버지하고 할머니께 세배를 합니다.
④ 한국에서는 설날에 한 살을 더 먹습니다.

단어

명절	보통
한복	~께
세배	새해
세뱃돈	

과제 3 쓰기

▶ 어떻게 떡국을 만듭니까? 재료를 고르고, 떡국 만드는 방법을 써 봅시다.

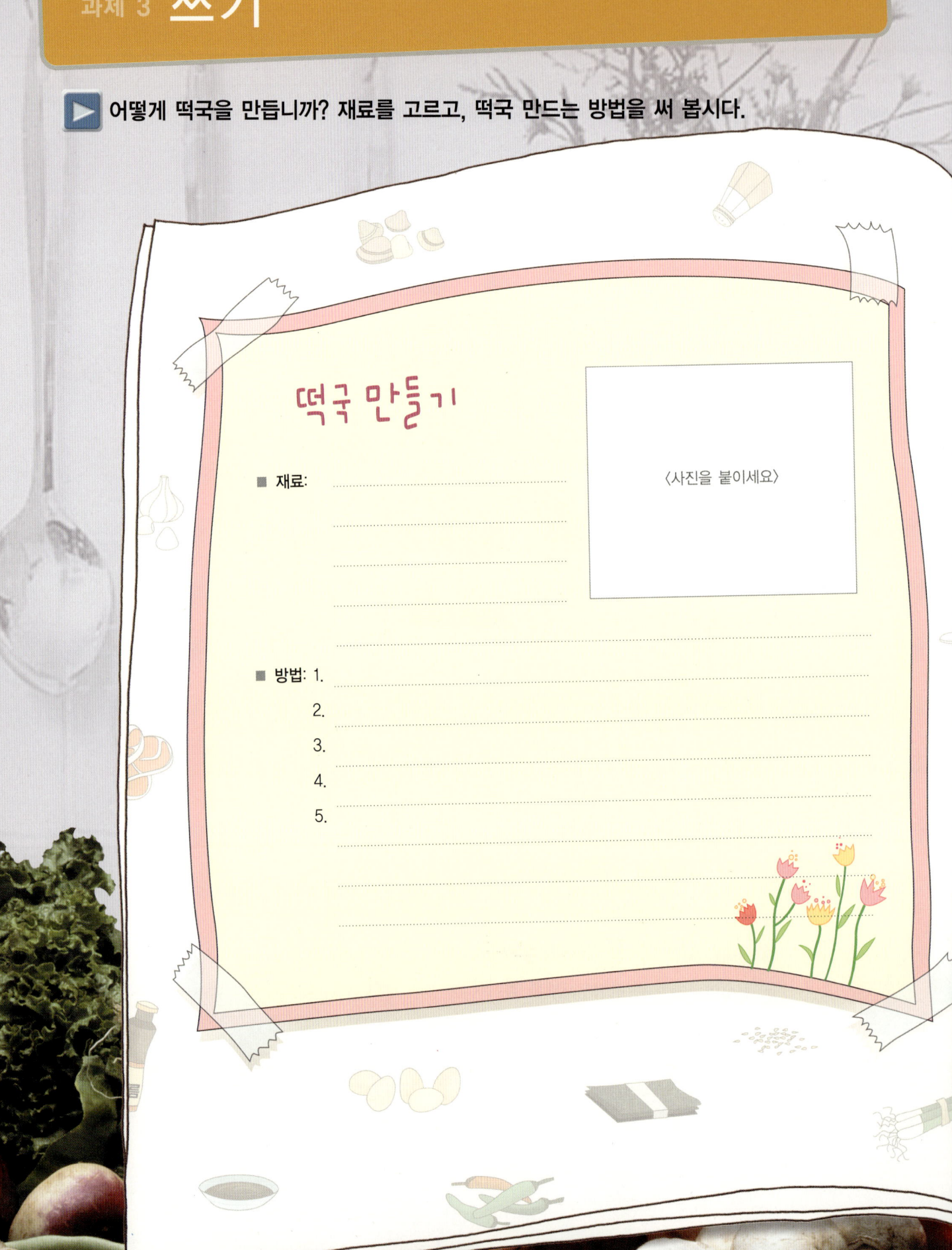

떡국 만들기

■ 재료:

〈사진을 붙이세요〉

■ 방법: 1.
2.
3.
4.
5.

10

물건 팔기

치마 팝니다!!

오천 원이에요!

예쁜 치마 팝니다. 일주일 전에 샀어요.

갈색이에요. 조금 짧아요.

관심이 있는 분은 저한테 연락해 주세요.

아인: 010-1234-5678

abcd@totmail.com

1. 두 사람은 무엇을 보고 있습니까?
2. 자신의 물건을 다른 사람한테 팔아 봤습니까?

어휘

🔹 한국에서는 다음과 같은 돈을 사용합니다. 한국말로 써 보십시오.

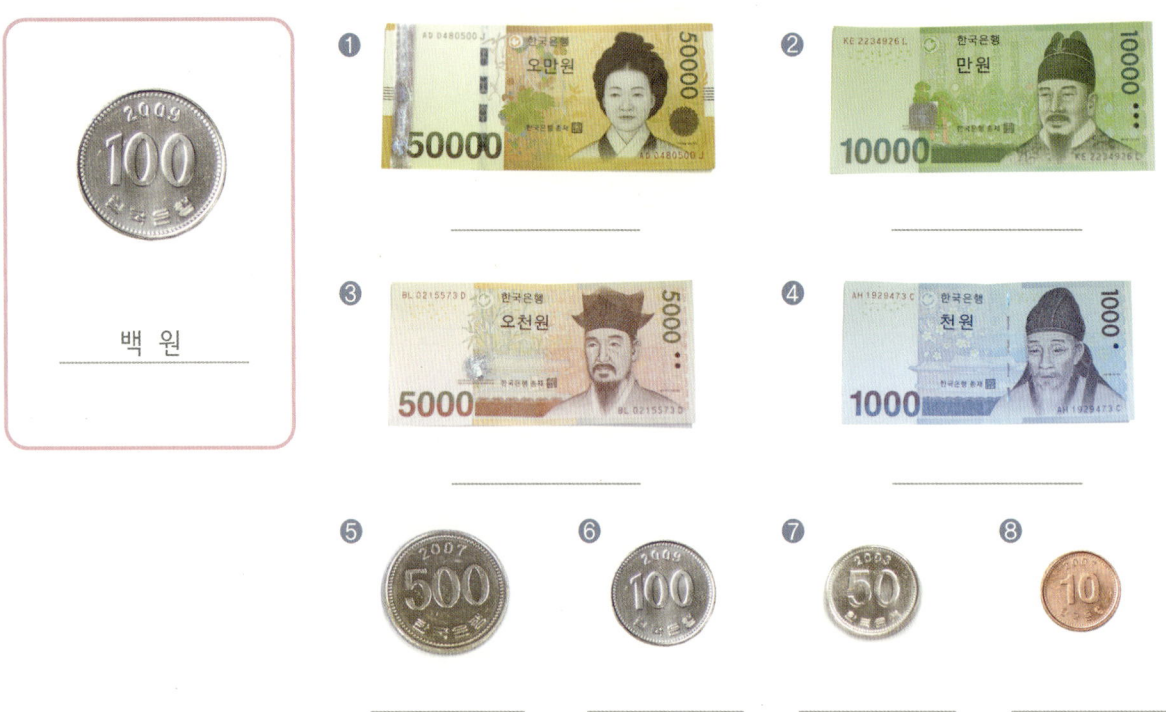

백 원

① _____ 오만 원

② _____ 만 원

③ _____ 오천 원

④ _____ 천 원

⑤ _____ ⑥ _____ ⑦ _____ ⑧ _____

🔹 여러분 나라에서는 어떤 돈을 사용합니까? 이야기해 봅시다.

대화

벼룩시장에서 미나가 준에게 물건을 팔고 있습니다.

준	이거 휴대폰이에요?
미나	네, 휴대폰이에요. 하지만 카메라로도 쓸 수 있어요.
준	그래요? 얼마예요?
미나	만 원이에요.
준	좀 깎아 주세요.
미나	2년 전에 십오만 원이었어요. 만 원이면 너무 싸요.
준	혹시 한국어 책도 있어요?
미나	없어요. 리에한테 연락해 보세요.

단어

휴대폰	카메라
좀	깎다
혹시	연락하다

표현

❶ 얼마

이거 얼마예요?
한국어를 얼마 동안 공부했어요?

❷ ~한테

친구한테 전화했어요.
형한테 숙제를 물어봤어요.

문법 1   ~(으)로

| 보기 | 버스로 가요.
젓가락으로 먹어요. |

다음 질문에 대답해 보십시오.

가: 한국에 어떻게 가요?
나: 비행기로 가요.

가: 천 원으로 무엇을 할 수 있어요?
나: _____.

가: 숙제를 어떻게 해요?
나: _____.

다음의 음식은 무엇으로 먹습니까? 이야기해 봅시다.

케이크   떡국   스파게티   바비큐
피자   샐러드   라면   팝콘

| 젓가락   숟가락   포크   나이프   가위   손 |

케이크는 포크로 먹어요.

문법 2 －아/어 주다

> 보기
> 깎아 주세요.
> 한국 음식을 만들어 주세요.
> 저한테 연락해 주세요.

1. 다음 그림을 보고 문장을 완성해 보십시오.

❶
돈을 __빌려__ 주세요.
(빌리다)

❷
미나의 전화번호를 _____ 주세요.
(가르치다)

❸
떡국을 _____ 주세요.
(만들다)

2. 친구가 무슨 부탁을 하겠습니까? 이야기해 봅시다.

문을 열다   창문을 닫다   같이 들다   공책을 빌리다

추워요. 창문을 닫아 주세요.

과제 1 말하기

▶ 벼룩시장을 하려고 합니다. 이야기해 봅시다.

◆ 친구들이 팔고 싶어 하는 물건을 조사해 봅시다.

	제니		
무엇을 팔 거예요?	가방		
언제 샀어요?	1년 전		
무슨 색이에요?	파란색		
얼마예요?	오천 원		

◆ 친구들과 벼룩시장에서 팔 물건을 배치해 보십시오. 그리고 왜 그렇게 배치했는지 이야기해 봅시다.

과제 2 읽기

▶ 다음은 물건을 소개하는 글입니다. 읽고 대답해 보십시오.

치마 팝니다!!

예쁜 치마가 오천 원입니다.
일주일 전에 샀어요. 이만 원이었어요.
딱 한 번 입었어요.
갈색이에요. 그런데 저한테 커요.
관심이 있는 분은 저한테 연락해 주세요.

아인: 010-1234-5678, abcd@totmail.com
(밤에는 전화를 못 받아요. 이메일로 연락하세요.)

아인은 왜 이 옷을 팔려고 합니까?

① 커서　　　　　　　　② 비싸서
③ 안 예뻐서　　　　　④ 색깔이 마음에 안 들어서

읽은 내용과 <u>다른</u> 것은 무엇입니까?

① 이 치마는 이만 원이었습니다.
② 아인은 치마를 한 번 입었습니다.
③ 밤에는 아인한테 연락을 못 합니다.
④ 아인은 이 치마를 일주일 전에 샀습니다.

단어	
딱	번
갈색	그런데
관심	분

과제 3 쓰기

▶ 여러분은 팔고 싶은 물건이 있습니까? 물건을 소개하는 글을 써 봅시다.

_____ 팝니다!!

10과 물건 팔기 125

복습해 봅시다 (6과~10과)

어 휘

 빈칸에 알맞은 말을 써 보십시오.

1월	2월	3월	4월	5월	6월	7월	8월	9월	10월	11월	12월
일월											

1일	2일	3일	4일	5일	6일	7일	8일	9일	10일	25일	30일
일일											

 6과부터 10과까지 배운 단어 중에서 선택해서 스무고개를 해 보십시오.

스무고개?
한 사람이 어떤 물건을 마음속으로 생각하면, 다른 사람들이 질문을 스무 번까지 해서 그것을 맞추는 게임입니다.

가로와 세로의 열쇠를 보고 단어를 써 보십시오.

➡ 가로

1. 떡국 만들 때 마지막으로 ○○과 후추를 넣어요.
2. 코미디 영화를 보면 기분이 어때요?
3. 재미없는 영화를 보면 기분이 어때요?
4. 한국 사람들은 옛날에 이 옷을 입었어요.
5. 봄에 노란색 ○○○를 매 보세요.

⬇ 세로

a. 운동화를 ○○.
b. 겨울에 손에 ○○을 껴요.
c. 떡국의 ○○는 고기나 조개, 떡, 간장, 후추, 파, 마늘이에요.
d. 공포 영화를 보면 기분이 어때요?
e. 높은 곳에서 뛰어요. 저는 호주에서 ○○○○를 해 봤어요.
f. 'a, b, c, d'는 알파벳이에요. '가, 나, 다, 라'는 뭐예요?

문법

1 알맞은 조사를 골라 써 보십시오.

> ~보다   ~으로   ~로   ~이나   ~나   ~하고   ~한테   ~은   ~는

1. 컴퓨터_____ 인터넷을 해요.

2. 사촌 동생_____ 이메일을 보냈어요.

3. 어제 다니엘_____ 수영장에 갔어요.

4. 우리 언니는 나_____ 노래를 잘 불러요.

5. 한국 사람들은 숟가락_____ 밥을 먹어요.

6. 너무 더워요. 시원한 콜라_____ 아이스크림을 먹고 싶어요.

7. 말하기_____ 자신 있어요. 하지만 쓰기_____ 너무 어려워요.

2 (1분 발표) 다음 주제 중 하나를 선택해서 친구들에게 이야기해 봅시다.

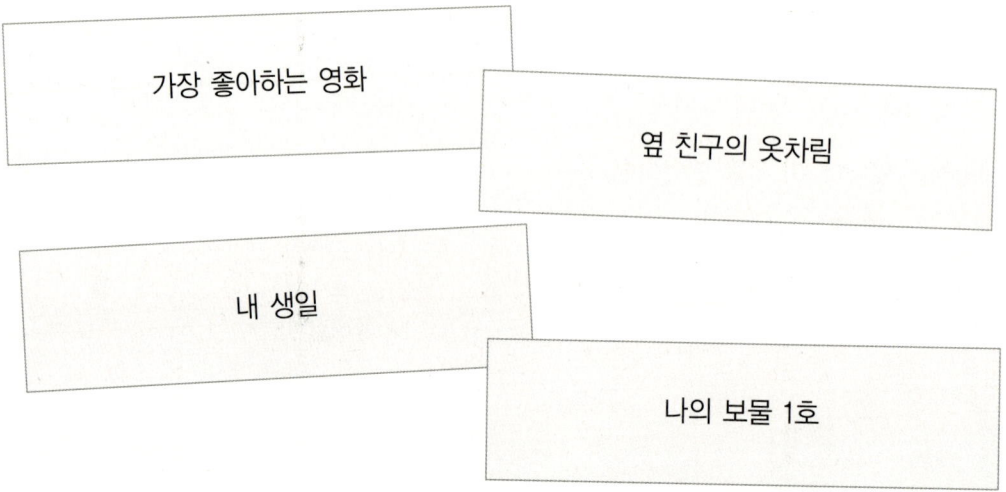

가장 좋아하는 영화

옆 친구의 옷차림

내 생일

나의 보물 1호

친구와 함께 게임을 해 봅시다.

| 출발 | | | 떡국을 먹어 봤어요?
네 두 칸 →
아니요 한 칸 → | | 번지점프를
해 봤어요?
네 세 칸 →
아니요 한 칸 → |
 |

| 요일을 순서대로
말해 보세요.
잘했어요 세 칸 ←
잘 못했어요 한 칸 → | | | 생일이 며칠이에요?
지났어요 두 칸 ←
안 지났어요 한 칸 → |  | 빨간색을 좋아해요?
네 한 칸 ↑
아니요 한 칸 ← |

| | 지금 노란색 옷을
입었어요?
네 세 칸 →
아니요 두 칸 ← | | 몇 살이에요?
열여섯 살보다 많아요 다섯 칸 →
열여섯 살보다 적어요 두 칸 → | |

노래해
주세요.
(노래 후에
두 칸 가세요)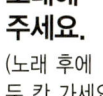

| | 안경을 썼어요?
네 한 칸 →
아니요 두 칸 ← | | 벼룩시장에서 물건을
팔아 봤어요?
네 세 칸 ←
아니요 두 칸 → | | |

| 공포 영화를
좋아해요?
네 두 칸 →
아니요 한 칸 → | | 동아리를 하고
있어요?
네 두 칸 →
아니요 한 칸 → |  | 도착  |

실력 테스트

※ [1~2]〈보기〉와 같이 밑줄 친 부분과 반대되는 뜻을 가진 것을 고르십시오.

〈보기〉 가: 이 치마 짧아요?
나: 아니요, (   )

① 커요   ② 빨라요   ③ 길어요   ④ 작아요

1. 가: 리에는 키가 커요?
   나: 아니요, (   )

   ① 많아요   ② 작아요   ③ 적어요   ④ 낮아요

2. 가: 밝은 색 치마는 없어요?
   나: 네, (   ) 색만 있어요.

   ① 빠른   ② 긴   ③ 슬픈   ④ 진한

※ [3~4] 〈보기〉와 같이 밑줄 친 것과 의미가 같은 것을 고르십시오.

〈보기〉 가: 저는 어버이날에 부모님께 꽃을 드렸어요.
나: 저도 (   )께 선물을 드렸어요.

① 어머니, 아들   ② 할아버지, 손자
③ 할아버지, 할머니   ④ 아버지, 어머니

3. 가: 어제 친구하고 극장에서 영화를 봤습니다.
   나: 그래요? 저도 어제 (   )에 갔어요.

   ① 영화관   ② 수영장   ③ 도서관   ④ 미용실

4. 가: 저는 무서운 영화를 좋아해요.
   나: 그래요? 저도 액션 영화보다 (   )가 좋아요.

   ① 코미디 영화   ② 전쟁 영화   ③ 로맨스 영화   ④ 공포 영화

※ [5~7] 〈보기〉와 같이 (   )에 알맞은 것을 고르십시오.

〈보기〉
가: 어제 축구했어요?
나: 아니요, 오늘 시험이 (   ) 어제는 집에서 공부했어요.

① 있는   ② 있어서   ③ 있으려고   ④ 있으면

5. 가: 왜 한글학교에 다녀요?
   나: 한국어를 (   ) 한글학교에 다녀요.

   ① 배운   ② 배우면   ③ 배우려고   ④ 배우지만

6. 가: 어머니 좀 바꿔 주세요.
   나: 지금 (   ). 5분 뒤에 다시 전화해 주세요.

   ① 샤워해 보세요   ② 샤워해 봤어요
   ③ 샤워하고 계세요   ④ 샤워해 주세요

7. 가: 어른이 (   ) 무엇을 하고 싶어요?
   나: 저는 운전을 배우고 싶어요.

   ① 되지만   ② 되면   ③ 되려고   ④ 되어 봤어요

※ 다음을 읽고 맞지 <u>않는</u> 것을 고르십시오.

8.

함께 해요
① 수영 동아리
② 학교 수영장
③ 화요일 오후 4시~5시
④ 회장: 김연수 010-3742-5896

① 함께 수영을 하려고 해요.
② 학교 수영장에서 수영할 거예요.
③ 화요일 오후 4시에 시작해요.
④ 김연수 씨가 전화할 거예요.

※ [9~10] 다음을 읽고 맞지 않는 것을 고르십시오.

9.

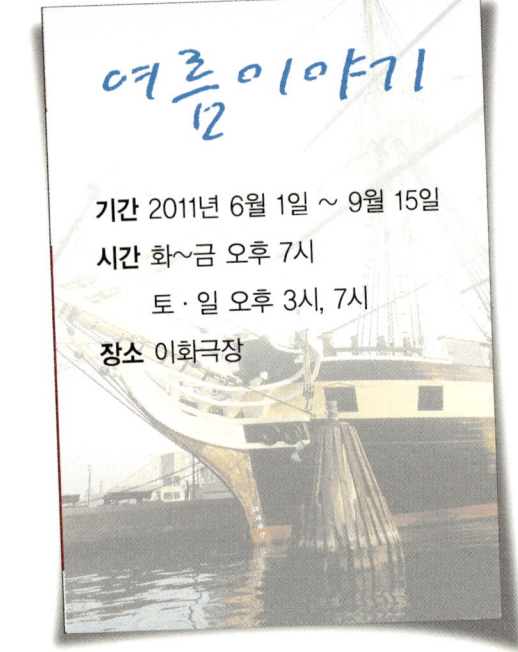

여름이야기

기간 2011년 6월 1일 ~ 9월 15일
시간 화~금 오후 7시
　　　토·일 오후 3시, 7시
장소 이화극장

① 월요일에 공연이 없습니다.
② 토요일에 공연을 두 번 합니다.
③ 2011년 9월 15일에 시작합니다.
④ '여름 이야기'는 공연 제목입니다.

10.

일주일 전에 샀어요.
5만원에 샀어요.
하지만 2만원에 팔고 싶어요.

korea@tmail.com
010-1234-5678

① 가방을 팔고 있어요.
② 오만 원에 팔고 싶어요.
③ 가방을 일주일 전에 샀어요.
④ 이메일로 연락할 수 있어요.

※ [11~12] 다음을 듣고 〈보기〉와 같이 대화 내용과 같은 것을 고르십시오.

〈보기〉
① 남자는 어제 아팠습니다.
② 두 사람은 어제 만났습니다.
③ 여자는 어제 학교에 갔습니다.
④ 여자는 어제 집에서 쉬었습니다. (circled)

11. ① 여자는 전쟁 영화를 봤습니다.
　② 여자는 공포 영화를 좋아합니다.
　③ 남자는 코미디 영화를 좋아합니다.
　④ 남자는 슬픈 영화를 보고 싶습니다.

12. ① 여자는 번지점프를 좋아합니다.
　② 남자는 번지점프를 싫어합니다.
　③ 여자는 번지점프를 해 봤습니다.
　④ 남자는 작년에 번지점프를 처음 했습니다.

※ [13~14] 다음을 듣고 물음에 답하십시오.

13. 이 사람은 왜 이야기하고 있습니까?
　① 친구를 만나려고
　② 펜을 주고 싶어서
　③ 신입 회원을 모집하려고
　④ 스키를 가르쳐 주고 싶어서

14. 들은 내용과 <u>다른</u> 것을 고르십시오.
　① 겨울에 스키장에 갑니다.
　② 스노보드를 배울 수 있습니다.
　③ 오늘 스키를 선물로 받았습니다.
　④ 동아리에 좋은 친구들이 많습니다.

정답 및 듣기 지문

정 답

1과

어휘

1.
오빠 어머니 아버지
언니 할아버지 할머니 동생

2.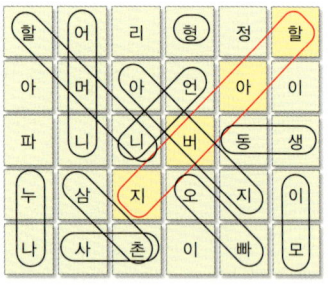

문법 1

1. ② 읽어요
   ③ 전화해요
   ④ 자요
   ⑤ 마셔요

2. ② 아버지예요.
   ③ 공부해요.
   ④ 텔레비전 봐요.

문법 2

1. ② 이 사람은 아인이에요. 아인은 열네 살이에요.
   ③ 이 사람은 제니예요. 제니는 열다섯 살이에요. 우정학교에 다녀요.

듣기

1. ②
2. ①

2과

어휘

1. ① 여덟   ② 일
   ③ 세   ④ 오

2. ② 여덟 시 십오 분
   ③ 다섯 시 오 분
   ④ 열한 시 오십 분

문법 1

1. ② 생일에 생일 파티해요.
   ③ 크리스마스에 크리스마스 트리 만들어요.
   ④ 여름에 바다에 가요.

문법 2

1. ② 축구할 거예요.
   ③ 친구 만날 거예요.
   ④ 피아노 칠 거예요.

읽기

1. ①
2. ②

3과

어휘

1. ② 기자, 아나운서
   ③ 선생님
   ④ 요리사

134

2.

			ᵃ마	
	¹미	술	가	
²치	과	의	사	ᵇ지
				휘
		ᶜ외	³기	자
		교		
	⁴소	방	관	

문법 1

1. ② 제니는 버스를 타요.
   ③ 첸은 책을 읽어요.
   ④ 동생은 피자를 먹어요.

문법 2

1. ② 케이크를 먹고 싶어요.
   ③ 잠옷 파티를 하고 싶어요.
   ④ 좋아하는 가수 콘서트에 가고 싶어요.

듣기

1. 요리사
2. ③

4과

어휘

1. ② 테니스
   ③ 야구
   ④ 미식축구
   ⑤ 아이스하키
   ⑥ 농구
   ⑦ 배구
   ⑧ 수영

문법 1

1. ② 미용실에서 머리를 잘라요.
   ③ 영화관에서 영화를 봐요.
   ④ 스키장에서 스키를 타요.

문법 2

1. ② 비빔밥을 좋아합니다.
   ③ 피아노를 칩니다.

읽기

1.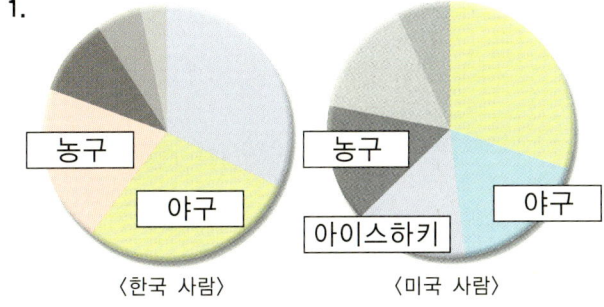
   〈한국 사람〉 〈미국 사람〉

2. ③

5과

어휘

1.

한국	1	브라질	6	인도	11
남아프리카공화국	10	영국	7	인도네시아	12
러시아	13	이집트	9	캐나다	3
멕시코	5	이탈리아	8	호주	2
미국	4				

2. ① 프랑스
   ② 영국
   ③ 중국 사람
   ④ 미국 사람
   ⑤ 독일어
   ⑥ 영어
   ⑦ 영어

문법 2

1. 먹었어요, 탔어요, 배웠어요, 재미있었어요, 하루였어요

듣기

1. ④
2. ②

정답 및 듣기 지문 135

쓰기

1. ②
2. ②, ③, ⑤, ⑦
3. ② 땅
   ③ 혀
   ④ 입술

복습해 봅시다 (1과~5과)

어휘

1.

1	2	3	4	5	6	7	8	9	10
일	이	삼	사	오	육	칠	팔	구	십
11	12	13	14	15	16	17	18	19	20
십일	십이	십삼	십사	십오	십육	십칠	십팔	십구	이십
30	40	50	60	70	80	90	100	1000	10000
삼십	사십	오십	육십	칠십	팔십	구십	백	천	만

3. 가로: ²사진, ⁴태권도, ⁵할머니, ⁶홈페이지
   세로: ᵃ의, ¹수, ᵇ학교, ᶜ야구, ³농구, ᵈ도서관, ᵉ아버, ᶠ영어

문법

1. ① 는　② 에
   ③ 에서　④ 도
   ⑤ 에　⑥ 이
   ⑦ 를

실력 테스트

1. ④　　2. ②
3. ③　　4. ①
5. ①　　6. ②
7. ③　　8. ①
9. ③　　10. ②
11. ③　　12. ②
13. ②　　14. ③
15. ④　　16. ①

6과

어휘

1.

문법 1

1. ② 제니는 선물을 주려고 포장을 하고 있어요.
   ③ 아인은 사진을 찍으려고 카메라를 가져 왔어요.

문법 2

1. ② 친구들이 많아서 한글학교가 재미있어요.
   ③ 어제 늦게 자서 피곤해요.
   ④ 너무 더워서 아이스크림을 많이 먹었어요.

읽기

1. 액션: 춤을 연습합니다. 그리고 1년에 네 번 공연을 합니다.
   다솜: 고아원에서 아이들한테 컴퓨터를 가르칩니다.

7과

어휘

1. ② 지루하다
   ③ 슬프다
   ④ 무섭다
   ⑤ 재미있다
2. ② 다큐멘터리 영화
   ③ 로맨스 영화
   ④ 액션 영화
   ⑤ 공포 영화
   ⑥ 전쟁 영화

문법 1

1. ② 읽고 계세요
   ③ 쓰고 있어요
   ④ 운동하고 계세요

문법 2

1. ② 운동화가 티셔츠보다 비싸요.
   ③ 떡볶이가 김밥보다 매워요.
   ④ 빨간색 색연필이 파란색 색연필보다 많아요.

듣기

1. ③
2. ④

8과

어휘

1. 입다: 원피스, 치마, 티셔츠, 바지
   쓰다: 모자, 안경
   끼다: 장갑
   신다: 구두, 운동화, 양말

문법 1

1. ② 연습을 많이 해 보세요.
   ③ 조용한 음악을 들어 보세요.

문법 2

1. 많은, 맛있는, 예쁜, 시원한, 바쁜

읽기

1. ③
2. ④

9과

듣기

1. ①
2. ②

10과

어휘

1. ① 오만 원   ② 만 원
   ③ 오천 원   ④ 천 원
   ⑤ 오백 원   ⑥ 백 원
   ⑦ 오십 원   ⑧ 십 원

문법 2

1. ② 가르쳐
   ③ 만들어

읽기

1. ①
2. ③

복습해 봅시다 (6과~10과)

어휘

1.

1월	2월	3월	4월	5월	6월	7월	8월	9월	10월	11월	12월
일월	이월	삼월	사월	오월	유월	칠월	팔월	구월	시월	십일월	십이월

1일	2일	3일	4일	5일	6일	7일	8일	9일	10일	25일	30일
일일	이일	삼일	사일	오일	육일	칠일	팔일	구일	십일	이십오일	삼십일

3. (크로스워드 퍼즐)
- 신간 장
- 재미있다 / 갑 / 무
- 료 / 번 / 섭
- 지루하다
- 한복 / 점
- 글 / 스카프

문법

1.
① 로
② 한테
③ 하고
④ 보다
⑤ 으로
⑥ 나 / 하고
⑦ 는, 는

실력 테스트

1. ②　　2. ④
3. ①　　4. ④
5. ③　　6. ③
7. ②　　8. ④
9. ③　　10. ②
11. ②　　12. ④
13. ③　　14. ③

듣기 지문

1과

여자: 준, 그게 뭐예요?
준: 우리 가족사진이에요.
여자: 이분은 누구예요?
준: 우리 할아버지예요. 그리고 이분은 우리 어머니, 이분은 우리 아버지예요.
여자: 이 사람은요?
준: 제 동생이에요.
여자: 할아버지, 어머니, 아버지, 준, 동생…… 모두 다섯 명이에요?
준: 아니요, 우리 가족은 여섯 명이에요. 형이 한 명 있어요.

3과

안녕하세요? 저는 김세린이에요.
저는 사촌 언니가 한 명 있어요. 사촌 언니는 요리사예요. 사촌 언니는 요리를 잘해요. 특히 피자를 잘 만들어요. 저는 사촌 언니처럼 요리사가 될 거예요. 한국 음식을 만들 거예요. 세계에 한국 음식을 알리고 싶어요. 여러분, 10년 후에 우리 식당에 오세요. 감사합니다.

5과

요즘 파리에서 한글 옷을 볼 수 있습니다. 한국인 디자이너, 이주영은 한글로 옷을 만들었습니다. 이 옷은 지금 파리에서 인기가 아주 많습니다. 디자이너 이주영은 한글로 휴대폰, 자동차도 디자인했습니다. 내년에는 한글로 가방하고 모자도 디자인할 겁니다.
파리에서 ABC 뉴스, 김소연 기자입니다.

복습해 봅시다 (1과~5과)

13. 무슨 음식을 좋아해요?

14. 장래 희망이 뭐예요?

15. 어제 뭐 했어요?

16. 한국어를 할 수 있어요?

7과

(음메)
소는 15년을 삽니다.
이 소는 40년을 살았습니다.
농부 그리고 소의 이야기.
세상에서 가장 감동적인 이야기.
고맙다. 고맙다. 정말 고맙다.

지금 극장에서 하고 있습니다.

9과

설날은 한국의 명절입니다. 설날은 1월 1일입니다. 설날에는 가족들하고 같이 떡국을 먹습니다. 설날에 떡국을 먹으면 한 살을 더 먹습니다. 설날에는 보통 한복을 입습니다. 그리고 아이들이 할아버지, 할머니, 아버지, 어머니께 세배를 합니다. 세배는 새해 인사입니다. 세배를 하면 세뱃돈을 받을 수 있습니다.

복습해 봅시다 (6과~10과)

11. 남자: 저는 전쟁 영화를 좋아해요. 제니 씨는 어떤 영화를 좋아해요?
    여자: 저는 공포 영화가 좋아요.

12. 여자: 번지점프를 해 봤어요?
    남자: 네, 작년 여름에 한국에서 처음 해 봤어요. 너무 재미있었어요.

[13-14]
안녕하세요? 저희 스키 동아리에서 신입 회원을 모집하고 있어요. 우리는 겨울에 스키장에서 스키나 스노보드를 타요. 스키나 스노보드를 못 타면 가르쳐 드려요. 우리 동아리에 오면 좋은 친구들을 만날 수 있어요. 오늘 오는 분한테는 펜도 선물로 드려요. 여러분, 지금 가입하세요.

청소년들을 위한 초급 한국어

Korean Language in Action

이해영, 이정덕, 황선영 공저

Hawoo Publishing

Haiyoung Lee
    Ph.D. in Korean Language and Literature, Ewha Womans University
    Associate Professor, Department of Korean Studies at Ewha Womans University

Jeongdeok Lee
    Ph.D. candidate in Korean Studies, Ewha Womans University
    Korean Language Instructor at Language Education Institute, Seoul National University

Sunyoung Hwang
    MA in Korean Studies, Ewha Womans University
    Korean Language Instructor at Ewha Language Center, Ewha Womans University

This supplement is a translated version of the book, *Korean Language in Action* which had been created to help the learners to study Korean language by themselves, or to prepare for upcoming classes and also to review previous lessons. This booklet includes all the translated instructions as well as the conversation contents, vocabulary, expressions, reading texts, listening scripts, and new words for each chapter. Also, the examples for the target grammars of each chapter are provided together with translated explanations of the grammars which are not available in the textbook.

2010년 2월 24일 1판 1쇄 발행

지은이 | 이해영, 이정덕, 황선영 공저 **발행인** | 박영호
편집책임 | 박우진 **편집팀** | 김영주, 김정아, 최미라
관리팀 | 임선희, 김성언 **기획 영업팀** | 박민우 **삽화** | 전은혜

펴낸곳 | 도서출판 하우 **등록번호** | 제2008-13호
물류센터 | 서울시 중랑구 망우동 364-18 1층
전화 | 02-922-7090 **팩스** | 02-922-7092

이 책은 저작권법에 따라 보호받는 저작물이므로 무단전재와 무단복제를 금지하며,
이 책 내용의 전부 또는 일부를 이용하려면 반드시 저작권자와 도서출판 하우의 서면동의를 받아야 합니다.

Contents

Introduction to **Korean Language in Action** 4

Scope and Sequence 6

Organization of the Chapter 8

Hangul (Korean Alphabet) 10

Classroom Terminology 11

Greetings 12

Chapter 1 Introducing Family on a Website 13

Chapter 2 Introducing Our School 15

Chapter 3 Talking about My Dream 17

Chapter 4 Creating a Sports Newspaper 20

Chapter 5 Researching Hangul 22

Let's Review (Chapter 1~5)

Chapter 6 Advertising a Club 24

Chapter 7 Creating a Movie Poster 27

Chapter 8 Creating a Fashion Magazine 29

Chapter 9 Making a Delicious Rice-Cake Soup 32

Chapter 10 Selling Products at a flea market 34

Let's Review (Chapter 6~10)

Answers and Listening Script

Introduction to **Korean Language in Action**

This teaching material is a Korean language textbook for teenagers. Main characters in this book are eight junior high and high school students who are within the similar age group as the target learners. In consideration of the target learners, the contents are mainly constructed with the situations that can be happened in normal school life. Also, the conversational partner is designed to be a friend or a teacher, so that the learners could apply the knowledge gained in the book to their real-life situation later.

This teaching material is for beginners level. It is constructed with grammars and vocabulary that are equivalent to the first level in Korean language ability test (TOPIK: Test of Proficiency in Korean). After each five chapters, there are review chapters for the learners to measure their improvement in Korean language, which all together were made to prepare the learners for the first level in Korean language ability test (TOPIK: Test of Proficiency in Korean).

This teaching material reflects the request of the educational field. After a careful examination of the need and request from the educational field, this book has limited the time for studying each chapter from 2.5 hours to 3 hours; extra 30 minutes can be adjusted according to the guideline provided in the book, *Teacher's Companion*. The contents have also been chosen after painstaking analysis and thorough evaluation of teenage learners and Korean language teachers' request in studying Korean language. The material has gone through careful preliminary experiments in the educational field to better adjust and modify the contents.

This teaching material avoids boring grammar practice; rather it is constructed with practical and interesting tasks. Every chapter includes activities for speaking and writing whereas listening and reading activities are provided every other chapter. Different from other existing textbooks which mainly focus on reading and grammar, this very textbook provides various tasks and activities that would arouse the learners' interest which would eventually contribute to the improvement of their Korean language ability.

For more efficient use of this teaching material, please refer to the *Teacher's Companion* **published together with this textbook**. *Teacher's Companion* provides grammar explanation as well as practical usage of the textbook. Also, it has marked the grammar items that would be dealt within each chapter which makes every chapter co-related to each other. *Teacher's Companion* has used appropriate signs and symbols for simple and easy usage.

Scope and Sequence

Chapter	Topic	Vocabulary	Target Grammar
0	Hangul (Korean Alphabet), Classroom Terminology, Greetings		
1	Introducing Family on a Website	family, relative	-아/어요 ~은/는
2	Introducing Our School	number, time	~에 -(으)ㄹ 거예요
3	Talking about My Dream	profession	~을/를 -고 싶다
4	Creating a Sports Newspaper	exercise	~에서 -ㅂ니다/-습니다
5	Researching Hangul	nation, language	-(으)ㄹ 수 있다, 못 -았/었-
Review	Let's Review (Chapter 1 ~ Chapter 5)		
6	Advertising a Club	hobby	-(으)려고 -아/어서
7	Creating a Movie Poster	emotion, movie	-고 있다 ~보다
8	Creating a Fashion Magazine	clothing, color	-아/어 보세요 -(으)ㄴ/는
9	Make a Delicious Rice-Cake Soup	date, holiday	-(으)면 -아/어 봤다
10	Selling Products at a flea market	money	~(으)로 -아/어 주다
Review	Let's Review (Chapter 6 ~ Chapter 10)		

	Task	
Speaking	Listening/Reading	Writing
Research classmates	[Listening] Listen to a story describing a family picture	Write an introduction about my family on a website
Talk about school life	[Reading] Read a passage about introducing a school	Write an introduction of my school
Talk about the result of a survey on future dreams	[Listening] Listen to a presentation on the competition of speaking about my dream	Write a script for the competition of speaking about my dream
Research favorite sports	[Reading] Read a sports news article	Write a sports news article
Talk over a table	[Listening] Listen to news	Research Hangul and write a presentation script
Talk over a notice of a club	[Reading] Read a recruitment notice for a club	Write a recruitment notice for a club
Talk over a movie poster and explain its plot	[Listening] Listen to a movie advertisement	Make a movie poster
Talk about clothing	[Reading] Read an article in a fashion magazine	Write an article in a fashion magazine
Talk about what to do on holidays	[Listening] Listen to an introduction about holidays	Write about how to make a rice-cake soup
Research products to sell	[Reading] Read a flyer introducing products to sell	Make a flyer for the selling products

Organization of Chapters

The chapters of this textbook are composed of 'Preparation, Vocabulary, Conversation, Grammar, Speaking, Listening/Reading, and Writing'.

▶ **Preparation** With helpful images and preparation questions, this section will draw stories related to the topics of each chapter, which would lead the learners to prepare for studying assigned topics.

▶ **Vocabulary** Learn about new topic-related words will improve the learners' vocabulary.

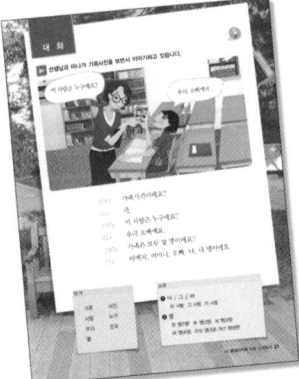

▶ **Conversation** The conversations composed in this section not only include the main topic, the vocabulary and the grammar of the section, but also consist of practical and useful expressions in real-life situations. Additionally, related grammars that are important to be dealt with in conversations are introduced, which would help the learners to take the grammar in a more casual and spontaneous way.

▶ **Grammar** This section does not only provide grammar practice but also connects simple speaking activities to grammar. By doing so, learners will be able to realize the importance of studying grammar.

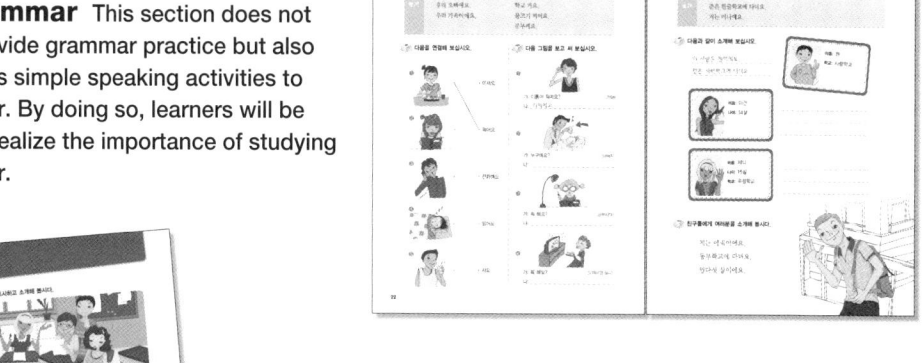

▶ **Speaking** With various group activities, the learners' speaking ability will improve a great deal.

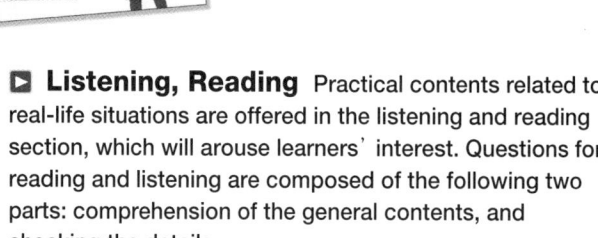

▶ **Listening, Reading** Practical contents related to real-life situations are offered in the listening and reading section, which will arouse learners' interest. Questions for reading and listening are composed of the following two parts: comprehension of the general contents, and checking the details.

▶ **Writing** The writing activity is an overall review of each chapter, which are precisely designed to help the learners organize and confirm what they have learned in each section. Through practicing speaking, reading, or listening activities in previous sections, the learners should already be provided with a guideline on what to write about. Just by simply following the steps suggested in the book, the learners will naturally be able to write.

9

Hangul (Korean Alphabet)

The vowels in Korean language are the following:
ㅏ ㅐ ㅑ ㅒ ㅓ ㅔ ㅕ ㅖ ㅗ ㅘ ㅙ ㅚ ㅛ ㅜ ㅝ ㅞ ㅟ ㅠ ㅡ ㅢ ㅣ

The consonants in Korean language are the following:
ㄱ ㄲ ㄴ ㄷ ㄸ ㄹ ㅁ ㅂ ㅃ ㅅ ㅆ ㅇ ㅈ ㅉ ㅊ ㅋ ㅌ ㅍ ㅎ

▶ In Korean, a vowel alone or a vowel and a consonant together make sound.

1. V
Can make sound alone. Yet, we do not write a vowel itself; rather, 'ㅇ' is accompanied with a consonant. When writing 'ㅣ, ㅏ, ㅓ' with a consonant, the vowel is on the left side while the consonant is on the right. When writing 'ㅡ, ㅗ, ㅜ' with a consonant, the consonant goes on the top while the vowel is located at the bottom.

※ Let's practice reading Hangul.

2. CV
Unlike vowels, 'consonants' in Korean language cannot make sound alone. They have to be with vowels in order to make sound.

※ Let's practice reading Hangul.

3. VC, CVC
In the case of VC and CVC, the last C (final consonant) makes only the following 7 sounds: 'ㄱ, ㄴ, ㄷ, ㄹ, ㅁ, ㅂ, ㅇ'. The final consonant is written as the following.

※ Let's practice reading Hangul.

❓ **Read like this!!!!**

If there is a vowel after the final consonant, it is read with the following vowel.

Classroom Terminology

Please look

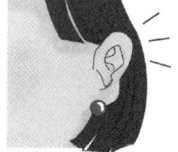
Please listen

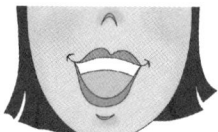
Please speak

Please write

Please read

Please repeat after

Please take a rest

1 Introducing Family on a Website

■ **Preparation**

1. How many are there in your family?
2. Can you introduce your family in Korean?

■ **Vocabulary**

1. Please write the names of your family members.

    Grandfather Grandmother Father Mother Older Brother(when the speaker is a female) Older Brother (when the speaker is a male) Older Sister(when the speaker is a female) Older Sister (when the speaker is a male) Younger Brother/Sister

2. Please look for the names of your family members and relatives from the picture below.

■ **Conversation**

▶ Teacher and Mina are talking over a family picture.

    Teacher: Is this your family picture?
    Mina: Yes.
    Teacher: Who is this person?
    Mina: My older brother.
    Teacher: How many are there in your family?
    Mina: Four, including my father, mother, older brother and me.

Vocabulary		Expression
family	picture	1. 이 / 그 / 저
person	who	this person the person that person
we	everyone	2. 명
how many		one person (1 person) two people (2 people)
		three people (3 people) four people (4 people)
		five people (5 people) six people (6 people)

■ Grammar 1

'-아/어요' is non-honorific ending word. It is used when the other party is older, holds higher position, and is not in a close relationship with the speaker.

>[Example] This is my older brother. I am going to school.
>   This is my family.   I am eating Bulgogi.
>   I am studying.

1. Please connect the following.
2. Please look at the following picture and write about the subject.

■ Grammar 2

'~은/는' is used when the subject has already been mentioned or when talking about a subject that is dealt with or explained in the sentence.

>[Example] Joon attends Korean language school.
>   I am Mina.

1. Let's introduce as the following.
2. Let's introduce yourself to your friends.

■ Speaking

▶ Let's learn about our classmates and introduce them.

1. Let's learn about our classmates.
2. Based on what we have learned from above exercises, let's introduce our classmates.

■ Listening

▶ Joon is talking about his family. Please listen carefully and answer the following questions.

>Mina: Joon, what is that?
>Joon: This is my family picture.
>Mina: Who is this person?
>Joon: My grandfather. And this is my mother, this is my father.
>Mina: What about this person?
>Joon: My younger brother.
>Mina: Grandfather, mother, father, Joon, younger brother... five people in your family?

Joon: No, my family is six. I also have an older brother.

1. What is Joon's family picture?
2. What is <u>different</u> from what you have heard?

| that is | this person | and | my | no |

■ **Writing**

▶ Do you have a website or a blog? Let's introduce your family on a website in Korean.

2 Introducing Our School

■ **Preparation**

1. What time do you go to school?
2. What do you do at school?

■ **Vocabulary**

1. Please mark the right answer.
2. Please look at the picture and talk about the time.

■ **Conversation**

▶ Mina and Joon are talking in the hallway about the class.

Mina: Do you have math class in the morning?
Joon: Yes, at 9.
Mina: I have science at 9.
And math at 10.
Joon: What are you doing after class?
Mina: Going to the library.

Vocabulary	Expression

morning math
class   science
after   library
	1. ~이/가
	   I like my Korean teacher.
	   I have a lot of homework today.
	2. 그리고
	   I eat. <u>And</u> play soccer.
	   I watch television. <u>And</u> do homework.

■ Grammar 1

'~에' is a postposition which usually comes after time or used with words that indicate time, such as 'weekend, morning, afternoon, and Christmas.'

> [Example] I eat lunch at 1.
> I do homework after class.

1. When do you do the followings? Let's write about the subjects below.

play basketball	decorate a Christmas tree
throw a birthday party	go to the beach

2. The following is Mina's daily schedule. Let's look at the picture and talk about it.

■ Grammar 2

'–(으)ㄹ 거예요' is used to represent the future.

> [Example] I am going to the library.
> I am going to eat bibimbap.

1. What do your friends do after class? Please write about it.

   | swim | play piano | play soccer | meet with a friend |

2. What are you doing after class? Let's talk about it with friends.

■ Speaking

▶ Let's talk about school life.

1. What are you planning on doing at school?
2. What are you going to do over the vacation? Let's talk about it with friends.

■ **Reading**

▶ The following is Joon's introduction. Please read and answer the questions.

> My school is called Dongbu school.
> I go to school at 10.
> I study Korean from 10 to 12.
> I have Korean history class in the afternoon.
> I am going to learn samulnori (Korean traditional percussion quartet) over the summer.

1. What do students learn at school?
2. What is <u>different</u> from what you have read?

| from~ | till~ | afternoon | history | samulnori | ~too |

■ **Writing**

▶ Do you have a website or a blog? Let's introduce your school in Korean.

3 Talking about My Dream

■ **Preparation**

1. What are your friends' future dreams?
2. What is your future dream?

■ **Vocabulary**

1. What do people do at the following places? Please write about the subjects.

| doctor | teacher | reporter | cook | nurse | announcer |

2. Please read the clue lists for across and down for the crossword puzzle provided below, and write from the given words.

| conductor | diplomat | magician | artist | fire-fighter | dentist | reporter |

■ Conversation

▶ Teacher and Mina are talking about future dream.

    Teacher: What is your future dream?
    Mina: A vocalist.
    Teacher: Do you like singing?
    Mina: Yes, very much.
              I would like to be a vocalist.
    Teacher: Then, you should be a famous vocalist like Soomi Cho.

Vocabulary	Expression

future dream
vocalist
very
then
famous
	1. ~이/가 되다
	   I would like to be a diplomat.
	   I would like to be a singer.
	2. ~처럼
	   I would like to fly <u>like</u> a bird.
	   I would like to speak Korean well <u>like</u> my teacher.

■ Grammar 1

'~을/를' is a postpositional article (which comes with a noun) in order to show the object of the sentence.

    [Example] I like chocolate.
                  I send a birthday card.

1. Using the given words below, please write a sentence.
2. What are the students doing? Please look at the picture and talk about it.

■ Grammar 2

'-고 싶다' is used with a verb in order to show the speaker would like to do something the verb used in the sentence indicates.

    [Example] I would like to go to Korea.
                  I would like to listen to the music.

1. What would you like to do on your birthday?
2. If you win $100 for the first place at the 'Competition of Speaking about My

Dream,' what would you like to do with it? Please talk to your friends about it.

■ Speaking

▶ The following is the results of a survey on future dreams of Korean and American teenagers. Please look at the table and talk about it.

1. Please look at the table and talk about the similarities and differences between Korea and America.
2. What kind of job would you like to have among those mentioned above? What would be the reason?

■ Listening

▶ The following is a presentation at the 'Competition of Speaking about My Dream'. Please listen carefully and answer the questions below.

> Hello? My name is Serin Kim.
> I have a cousin. She is a cook. She makes delicious foods, especially pizza. I would like to be a cook just like her. But I would like to make Korean food. I hope to introduce Korean food to the people around the world. Everyone, would you like to come to my restaurant in 10 years? Thank you.

1. What is the future dream of Serin Kim?
2. What is <u>different</u> from what you have heard?

| cooking | especially | make | the world | introduce | everyone |

■ Writing

▶ You are about to present at the 'Competition of Speaking about My Dream.' Please write about your future dream.

4 Creating of a Sports Newspaper

■ Preparation
1. What kind of sports would you like to do ?
2. Do you have a favorite athlete?

■ Vocabulary
1. What kinds of sports activities are the followings? Please write the names.
2. What kind of sports are popular in each season? Please finish writing the table.

| soccer | swimming | table-tennis | skiing | American football | ice hockey |
| basketball | baseball | tennis | volleyball | skating | badminton |

■ Conversation
▶ Mina and Joon are speaking about their favorite sports.

Mina: What kind of sports do you like?
Joon: soccer.
Mina: I like basketball.
Joon: Basketball? I do too. Do you play often?
Miina: Yes, I practice at school everyday.
Joon: Really? I would like to join.

Vocabulary
soccer   basketball
often   everyday
practice   really?

Expression
1. 무슨
   <u>What kind</u> of exercise do you like?
   <u>What kind</u> of food do you often eat?
2. ~도
   I am tall. My brother is tall, <u>too</u>.
   I like apple. I like strawberry, <u>too</u>.

20 Korean Language in Action

■ **Grammar 1**

'~에서' is a postposition that comes with a noun in order to show a place, starting point and the scope of a certain space or time.

> [Example] I play soccer in the playground.
> I learn Korean at school.

1. What are they doing, and where are these activities take place? Please write about the subject.
2. Where are these places? Please talk about what we can do in these places.

■ **Grammar 2**

'-ㅂ니다/습니다' is a formal-ending word that is frequently used for talking to people with polite attitude such as meeting someone for the first time or treating a guest. Another reason to use this expression is to show respect for the audience at formal occasions, such as formal meeting, public speech, presentation, or business discussion.

> [Example] My name is Mina.   I sleep at 11.
> Today is my birthday.   I eat lunch after class.

1. Please look at the following picture, and finish the conversation.
2. Let's pretend that you are a reporter. Please have an interview with your classmates.

■ **Speaking**

▶ Please research your friends' favorite sports.
1. What kind of sports do your classmates like? Please finish the table.
2. From what you have learned above, please compare the differences and similarities of the sports men and women like.

■ **Reading**

▶ The following is a sports newspaper article. Please read and answer the following questions.

> **Soccer for Korean, Football for American**
> What would be Koreans' favorite sports?
> According to a survey, soccer is the most popular sports in Korea. 32% of

Koreans like soccer. And 28.5% like baseball. 20% like basketball.

How about Americans? According to this survey, 30% of Americans like football. And followed by baseball (18%), ice hockey (15%), basketball (8%).

1. After reading the above passage, please finish the following table.
2. What is <u>different</u> from what you have read?

| the most | survey | result | popular | of | then |

■ **Writing**

▶ Let's make a sports newspaper.

5   Researching Hangul

■ **Preparation**

1. Which language can you speak?
2. How often do we use Korean?

■ **Vocabulary**

1. Where are the following countries? Please find them on the map.
2. Please write appropriate words in the blank.

■ **Conversation**

▶ Teacher and Joon are talking to each other.

Teacher: Can you speak French?
Joon: No, I can't. I have never studied it.
Teacher: Really? Then, which language can you speak?
Joon: I can speak English, Korean, and Spanish.
Teacher: Can you speak Spanish?
Joon: Yes, I studied a little bit last year.

Vocabulary	Expression

study   country
language   last year
little bit
	1. 안
	   I have <u>not</u> eaten lunch yet.
	   I do <u>not</u> go to school on Sunday.
	2. 어느
	   <u>Which</u> country are you from?
	   <u>Which</u> school do you go to?

■ Grammar 1

'–(으)ㄹ 수 있다' means that one has an ability or possibility to do something.

> [Example] I can speak Korean.   I cannot speak Japanese.
>   Can you eat Kimchi?   I cannot eat Kimchi.

1. What can you do? Please look at the table and talk about it.
2. What can you do? Please talk to your friends about the subject.

■ Grammar 2

'–았/었–' shows that the situation and time mentioned in the sentence take place in the past.

> [Example] My grandfather was a doctor.   I went to Korea last Christmas.
>   I was 3rd grade last year.   I ate ramen for lunch today.
>   I played basketball with
>   friends yesterday.

1. The following is Joon's diary. Please fill in the blank.
2. What did you do last weekend? Please talk to your friends about the subject.

■ Speaking

▶ Please look at the table and talk about it.

1. Which language is in most use? What do you think the reason is?
2. Before looking at the table, which number of ranking did you think Korean would be at?

■ **Listening**

▶ Please listen to the news carefully, and answer the following questions.

> Clothings with hangul patterns can be seen in Paris these days. Jooyoung Lee, a Korean designer, has made clothings with Hangul patterns. This unique and interesting design is quite popular in Paris now. Designer Jooyoung Lee has also put Hangul patterns on cellular phones and cars. Next year, there will be Hangul-patterned bags and hats.
> From Paris, ABC News, Soyeon Kim.

1. What is the news about?
2. What is <u>not</u> talked about in the news?

| with~ | cellular phone | make a design | bag | hat |

■ **Writing**

▶ Please research more about Hangul on the internet. Please provide the researched information in a written form.
1. Who created Hangul?
2. Hangul was originally made of 28 characters. Please find the 4characters which had disappeared over time.
3. What do you think the following characters are made from? Please choose one, and write about it.

6 Advertising a Club

■ **Preparation**

1. What are the students looking at?
2. What is your hobby?

■ **Vocabulary**

1. Please make a match with the pictures.
2. The following table is the result of a survey on hobbies of 100 male and 100

female students. Please think and write what other hobbies would be in the category, 'the others'.

■ Conversation

▶ Joon and Mina are talking about school club.

Joon: Did you see the bulletin board in front of the cafeteria?
Mina: No, why?
Joon: There was a recruitment notice for a club.
Mina: Really? Was there one for skiing club or painting club?
Joon: I went close to see the details.
But there were too many people, so I couldn't' see.

Vocabulary	Expression

cafeteria   front
bulletin board
recruitment notice
details   close
too many
	1. 하지만
	   I can't ski. <u>But</u> I can snow-board.
	   I'm cold. <u>But</u> I would like to eat ice cream.
	2. ~(이)나
	   Do you have a coke or a juice?
	   I'm going to the mountain or the beach this weekend.

■ Grammar 1

'-(으)려고' comes with a verb in order to show a purpose or intention.

[Example] I borrowed a book to do homework.
I brought a bread to eat during the break

1. We are preparing a birthday party for a friend. Please look at the table and talk about it.
2. What is your goal this year? What do you do to achieve it? Please talk to your friends about the subject.

■ Grammar 2

'-아/어서' shows that the previous action or condition is the reason.

[Example]   I don't go to school because it's Christmas.

I bought a present for a friend's birthday.

I don't have time; I have too much homework.

The movie was so much fun; I watched it twice.

I studied hard, and did well on the test.

1. Please look at the table and write in one sentence.
2. Please fill in the blank and compete the sentence.

■ Speaking

▶ This is a notice from a club. Please look at the table and talk about it.
1. What is your hobby? Which one would you like to join from the above clubs?
2. Have you joined a club? Please introduce a club you have been in to your friends.

■ Reading

▶ These clubs are welcome of new members. Please read the followings and answer the questions.

Come to Action~

Action is a hiphop dance club.
Practice Time: Wednesday, 5~7 pm
Performance: 4 times a year

There's an Audition.
Time: September 4th, 5pm
Place: Action Club Room

Join Us!

'Dasom' is welcoming new members. 'Dasom' is a voluntary service club. We teach computer to the children at the orphanage in front of school on Sundays. You can meet good friends at 'Dasom.'

☎ 010-1234-5678
(President: Yeonsoo Kim)

1. Please fill in the table.
2. Which club have you joined at school? Which club would you like to join? Please talk about the subject.

| new member | practice | performance | audition |
| voluntary service | orphanage | to~ | president |

Writing

▶ Your club is welcoming new members. Please write a notice introducing the club on the website of your school.

Creating of a Movie Poster

Preparation

1. What are these two people doing?
2. What kind of movies do you like?

Vocabulary

1. These are the people who have just finished watching a movie. Please write how they feel at the moment.

   | sad | impressive | interesting | boring | scary |

2. Which genre do you think the following movie would be? Please take a look at the posters and make a guess about their genres.

   | horror | comedy | action | war-film | romance | documentary |

Conversation

▶ Joon and Mina are deciding on which movie to watch at a theater.

Mina: What are they showing these days?
Joon: Did you watch 'At Home'?
Mina: 'At Home'? What kind of movie is it?
Joon: It's a story of a grandmother and her grandson. It's quite impressive.
Mina: I prefer an action movie to an impressive one.
Joon: There is an action movie here. But it starts on Saturday.
Mina: Then let's watch 'At Home' today. And let's come again next time.

Vocabulary	Expression
these days grandson impressive here start again	1. 어떤 　　What kind of food do you like to eat? 　　What kind of program do you like on television? 2. 요일 　　Monday　Tuesday　Wednesday　Thursday 　　Friday　Saturday　Sunday

■ Grammar 1

'−고 있다' comes after a verb in order to indicate the subject is in action.

> [Example] I am playing soccer.
> 　　　　　He lives in Korea.

1. Please look at the picture and write about it.

   | study | talk | eat hamburger | make a phone call | sing | sleep |

2. What are these people doing? Please talk to your friends about the subject.

■ Grammar 2

'~보다' is used to compare differences of multiple things. It comes after the subject of comparison in order to show a greater degree than the latter.

> [Example] Jeju Island is warmer than Seoul.
> 　　　　　My older brother speaks better Korean than me.

1. Please look at the picture, and answer the following questions.
2. Let's compare Korea to your country.

   | big | small | cold | hot | more | less |

■ Speaking

▶ Please look at the timetable and posters, and choose a movie.

1. Please look at the posters, and make a guess on the title of the movies and their plots.
2. Between the two movies, which one would you like to watch? What is the

reason?

■ **Listening**

▶ The following is an advertisement for a movie. Please listen carefully and answer the questions.

>(moo)
>A cow lives for 15 years.
>This cow has lived for 40 years.
>A story of a farmer and his cow.
>The most impressive and touching story in the world.
>Thank you. Thank you. Thank you very much.
>
>Now on screen.

1. Which one is the poster of this movie?
2. Who is the main character in this movie?

| cow | live | farmer | world | really/very much | parents |

■ **Writing**

▶ Let's make a movie poster.

8 Creating of a Fashion Magazine

■ **Preparation**

1. What are the two people doing?
2. What kind of clothing do you like?

■ **Vocabulary**

1. Please write appropriate words in the blank.
2. Which color of clothing are they wearing? Please look at the picture and talk about it.

29

■ **Conversation**

▶ The owner of a clothing shop and Mina are talking in the store.

Owner: What are you looking for?
Mina: Do you have a skirt? What kind of skirt is popular these days?
Owner: Please try this yellow skirt on. Yellow is popular these days.
Mina: I have a lot of bright-colored skirts. So I hope I can buy a dark-colored one.
Owner: Then what about this blue skirt?
Mina: I like that.
Owner: Please try it on.

Vocabulary

look for   popular
bright color   dark color
What about~?   once

Expression

1. ~은/는
   My cousin is in Korea. I am in the States.
   I can play soccer well. But not baseball.

2. 그래서
   I have stomachache. So I am going to the hospital.
   I have a test. So I am studying hard.

■ **Grammar 1**

'–아/어 보세요' comes with a verb in order to indicate the subject is trying a certain action once.

[Example] Please visit Kyungbokgung.
Please read this book.
Please call a friend.

1. Your friend is in concern for the following problems. What should he/she do? Please give an advice.
2. Please make a suggestion about what to wear for these two people.

| wear glasses | take off glasses | let hair down | wear jeans |
| wear running shoes | wear accessories | wear a baseball cap | |

■ Grammar 2

'–(으)ㄴ/는' comes after an adjective in order to modify the following noun.

[Example] beautiful flower   interesting Korean
small room   tasteless cracker

1. The following is Joon's story. Please choose appropriate words in the blank.
2. Who is this person? Please talk about it.

| tall | short | long nose | long hair | short hair | big mouth |

■ Speaking

▶ Please look at the fashion magazine and talk about it.
1. Which one do you like among above clothes? What is the reason?
2. What kind of clothes should you wear? Please talk to your friends about the subject.

■ Reading

▶ The following is a fashion magazine article. Please read and answer the questions.

Please Try on Yellow This Spring.

Yellow is in fashion this spring. Yellow in women's clothing, yellow in men's clothing. Please try on a yellow jacket or shirt. And try it with a black or white clothes. Or wear a black or white clothes with a yellow scarf or belt. Yellow necktie or hat will be just as good. Then, you will be a fashionista this Spring.

1. What is the same from what you have read?
2. People below have read the above article, and chose their clothes. Who is <u>not</u> wearing properly?

| this spring | jacket | or | scarf | belt | necktie | fashionista/smart dresser |

■ Writing

▶ Please pretend that you are journalist of a fashion magazine, and try to write an article about what kind of clothing will be popular.

9 Making a Delicious Rice-Cake Soup

■ Preparation

1. Have you ever made a Korean food?
2. What kind of food do you eat on holidays in your country?

■ Vocabulary

1. When is the next holiday?
2. Please research your friends' birthdays and talk about it.

■ Conversation

▶ Mina and Joon are talking about things to do on Lunar New Year's Day.

Joon: What did you do over the weekend?
Mina: It was Lunar New Year's Day, so I ate rice-cake soup with my family.
Joon: Rice-cake soup?
Mina: In Korea, we eat rice-cake soup on Lunar New Year's Day. Have you ever tried it?
Joon: No, not yet.
Mina: If you eat one bowl of rice-cake soup, you are one year older. I ate two bowls. So I am now sixteen.

Vocabulary

family members
rice-cake soup
not yet
more
bowl
now

Expression

1. ~하고
   I watched a movie <u>with</u> a friend.
   I ate rice <u>with</u> bulgogi for lunch.

2. 살

one year-old	two years-old
three years-old	four years-old
five years-old	...
ten years-old	...
twenty years-old	...

■ Grammar 1

'–(으)면' shows condition and state of the action for the following clause.

> [Example] When I become sixteen, can I drive?
> If I eat a lot of spicy food, I have a stomachache.

1. Please answer the following questions.
2. From which age can you do the following? Please talk to your friends about the subject.

■ Grammar 2

'–아/어 봤다' is attached to a verb in order to show the past experience.

> [Example] I have been to Korea.
> I have eaten rice-cake soup.
> I have done bungee jumping.

1. Please answer the following questions.
2. What have you tried? Please mark the things you have done, and talk to your friends about the subject.

■ Speaking

▶ Please talk about holidays.

1. Please look at the following pictures, and talk about when we do these things.
2. What do we do for the following holidays? Please research it with your frlends, and talk to them about the subject.

■ Listening

▶ The following is a presentation introducing a holiday. Please listen carefully, and answer the questions.

> Lunar New Year's Day is a typical Korean holiday. New Year's Day on lunar calender is January 1st. On the day, people eat rice-cake soup with family. If you eat one bowl of rice-cake soup, you are one year older. People wear Hanbok (traditional Korean clothing) on this day. And children make a formal bow to grandfather, grandmother, father, and mother. This formal bow is New Year's greeting. when children make formal bow, they are rewarded with New Year's gift of money.

1. When is this holiday?
2. What is <u>different</u> from what you have heard?

> holiday   usually   hanbok (traditional Korean clothing)   to~
> formal bow on New Year's Day   New Year's Day   New Year's gift of money

■ **Writing**

▶ How to make a rice-cake soup? Please write about choosing ingredients, and the recipe for the soup.

10 Selling Products at a flea market

■ **Preparation**

1. What are the two people looking at?
2. Have you sold your products to other people?

■ **Vocabulary**

1. People use the following money in Korea. Please write in Korean.
2. What kind of money do you use in your country? Please talk about it.

■ **Conversation**

▶ Mina is selling products to Joon at a flea market.

    Joon: Is this a cell phone?
    Mina: Yes, it is a cell phone. But it can be used as a camera too.
    Joon: Really? How much is it?
    Mina: Ten thousands won.
    Joon: Please lower the price a little bit.
    Mina: It was 150 thousands won two years ago. Ten thousands won is very cheap.
    Joon: By any chance, do you have a Korean book?
    Mina: No. You should contact Rie.

with your friends. Please talk about the reason of your arrangement.

■ **Reading**

▶ The following is a passage introducing a product. Please read and answer the questions.

Skirt for Sale!!

Beautiful skirt is only five thousand wons.
Bought it a week ago. It was twenty thousand wons.
Wore only once.
Brown color. But it's big on me.
Anyone interested, please contact me.

Ain: 010-1234-5678, abcd@totmail.com
(Can't answer phone calls at night. Please send an email.)

1. For which reason Ain wants to sell this skirt?
2. What is <u>different</u> from what you have read?

| just | time | brown | but | interest | anyone |

■ **Writing**

▶ Do you have any products you would like to sell? Please write a passage introducing your products.

Vocabulary		**Expression**
cell phone	camera	1. 얼마
little bit	lower price	How much is this?
by any chance	contact	How long have you studied Korean?
		2. ~한테
		I made a phone call to a friend
		I asked about homework to my brother.

■ Grammar 1

'~(으)로' is a postposition to show means or methods.

> [Example] Let's go by bus.
> Let's eat with chopsticks.

1. Please answer the following questions.
2. What do you eat the following foods with? Please talk about it.

| chopsticks | spoon | fork | knife | scissors | hand |

■ Grammar 2

'-아/어 주다' is attached to a verb in order to show doing an action for someone else.

> [Example] Please lower the price.
> Please make Korean food.
> Please contact me.

1. Please look at the following picture and complete the sentence.
2. What kind of favor would your friend ask for? Please talk about it.

| open the door | close the window |
| lift together | borrow a note |

■ Speaking

▶ We are about to open a flea market. Please talk about it.
1. Let's do a research on what your friends would like to sell.
2. The following is the flea market place. Please arrange the products to sell

35